Criminologia

O GEN | Grupo Editorial Nacional – maior plataforma editorial brasileira no segmento científico, técnico e profissional – publica conteúdos nas áreas de concursos, ciências jurídicas, humanas, exatas, da saúde e sociais aplicadas, além de prover serviços direcionados à educação continuada.

As editoras que integram o GEN, das mais respeitadas no mercado editorial, construíram catálogos inigualáveis, com obras decisivas para a formação acadêmica e o aperfeiçoamento de várias gerações de profissionais e estudantes, tendo se tornado sinônimo de qualidade e seriedade.

A missão do GEN e dos núcleos de conteúdo que o compõem é prover a melhor informação científica e distribuí-la de maneira flexível e conveniente, a preços justos, gerando benefícios e servindo a autores, docentes, livreiros, funcionários, colaboradores e acionistas.

Nosso comportamento ético incondicional e nossa responsabilidade social e ambiental são reforçados pela natureza educacional de nossa atividade e dão sustentabilidade ao crescimento contínuo e à rentabilidade do grupo.

Marcelo **Veiga**

COORDENAÇÃO
Renee do Ó **Souza**

Criminologia

ª **EDIÇÃO** REVISTA, ATUALIZADA E REFORMULADA

- O autor deste livro e a editora empenharam seus melhores esforços para assegurar que as informações e os procedimentos apresentados no texto estejam em acordo com os padrões aceitos à época da publicação, e todos os dados foram atualizados pelo autor até a data de fechamento do livro. Entretanto, tendo em conta a evolução das ciências, as atualizações legislativas, as mudanças regulamentares governamentais e o constante fluxo de novas informações sobre os temas que constam do livro, recomendamos enfaticamente que os leitores consultem sempre outras fontes fidedignas, de modo a se certificarem de que as informações contidas no texto estão corretas e de que não houve alterações nas recomendações ou na legislação regulamentadora.
- Fechamento desta edição: *14.06.2022*
- O autor e a editora se empenharam para citar adequadamente e dar o devido crédito a todos os detentores de direitos autorais de qualquer material utilizado neste livro, dispondo-se a possíveis acertos posteriores caso, inadvertida e involuntariamente, a identificação de algum deles tenha sido omitida.
- **Atendimento ao cliente: (11) 5080-0751 | faleconosco@grupogen.com.br**
- Direitos exclusivos para a língua portuguesa
  Copyright © 2022 by
  Editora Forense Ltda.
  Uma editora integrante do GEN | Grupo Editorial Nacional
  Travessa do Ouvidor, 11 – Térreo e 6º andar
  Rio de Janeiro – RJ – 20040-040
  www.grupogen.com.br
- Reservados todos os direitos. É proibida a duplicação ou reprodução deste volume, no todo ou em parte, em quaisquer formas ou por quaisquer meios (eletrônico, mecânico, gravação, fotocópia, distribuição pela Internet ou outros), sem permissão, por escrito, da Editora Forense Ltda.
- Esta obra passou a ser publicada pela Editora Método | Grupo GEN a partir da 2ª edição.
- Esta obra, anteriormente designada "Resumo de Criminologia", passou a ser intitulada "Criminologia" a partir da 2ª edição.
- Capa: Bruno Sales Zorzetto
- **CIP – BRASIL. CATALOGAÇÃO NA PUBLICAÇÃO.**
  SINDICATO NACIONAL DOS EDITORES DE LIVROS, RJ.

V529c
2. ed.

Veiga, Marcelo
Criminologia / Marcelo Veiga; coordenação Renee do Ó Souza. – 2. ed., rev., atual. e reform. – Rio de Janeiro: Método, 2022.
240 p.; 21 cm. (Método essencial)

Inclui bibliografia
ISBN 978-65-5964-573-2

1. Criminologia. 2. Serviço público – Brasil – Concursos. I. Souza, Renee do Ó. II. Título. III. Série.

22-78088 CDU: 343.9

Gabriela Faray Ferreira Lopes – Bibliotecária – CRB-7/6643

Agradecimentos

Foram muitos anos de uma árdua caminhada até esse momento tão especial. Quando tinha 12 anos, iniciei a prática do judô, esporte que sou apaixonado até os dias de hoje. Com ele, aprendi que, antes de vencer, era preciso aprender a cair, o que fiz por anos da minha vida, treinando o *ukemi*.

Essa lição me foi muito útil para os desafios seguintes e me ajudou a manter a determinação de levantar sempre que as coisas não estivessem muito boas. Valeu a pena!

Durante todo esse processo de construção profissional, sempre tive ao meu lado pessoas especiais que me apoiaram e que, para não cometer injustiças, agradeço a todos da mesma forma, meu muitíssimo obrigado à minha família e aos meus amigos.

À minha mãe, obrigado pela cumplicidade e pela fé incondicional em todos os meus projetos. Ao meu pai, deixo minha homenagem, obrigado pelo exemplo e por todo o amor.

Por fim, agradeço ao **Senhor**, que cumpre em minha vida todas as promessas que, pela fé, me foram entregues.

Antes de tudo, sou grato a meu Deus, mediante Jesus Cristo, por todos vocês, porque em todo o mundo está sendo anunciada a fé que vocês têm (Romanos 1:8).

Nota à 2ª Edição

A mudança realizada em nossa coleção não foi apenas visual, aprimoramos as obras e com o nosso livro de criminologia não foi diferente. Aqui foram corrigidos erros de digitação, esclarecidos pontos controvertidos e inseridos novos comentários.

Essas modificações não modificaram a estrutura do trabalho que se presta a ser uma obra de fácil acesso, sem perder a profundidade necessária para a aprovação nos mais rigorosos concursos públicos do país.

Boa leitura!

Fortaleza, 21 de março de 2022.

Marcelo Veiga

Sumário

Capítulo 1

Conceito, características, objeto, método, finalidade, funções e classificação da criminologia.. 1

- 1.1 Considerações preliminares.. 1
- 1.2 Conceito... 4
- 1.3 Características.. 7
- 1.4 Objeto... 8
- 1.5 Método e finalidade... 17
- 1.6 Funções.. 19
- 1.7 Classificação da criminologia: criminologia geral (macrocriminologia) e criminologia clínica (microcriminologia)..... 20

Capítulo 2

História da criminologia (nascimento da criminologia).. 27

- 2.1 Evolução histórica da criminologia. Criminologia pré-científica (precursores). Criminologia científica.................. 27
- 2.2 O iluminismo e as primeiras escolas sociológicas............ 31
- 2.3 A escola clássica... 34
- 2.4 A escola positivista.. 37
    - 2.4.1 O início do período científico............................ 40
- 2.5 Escola sociológica alemã ou escola de política criminal ou moderna alemã.. 41
- 2.6 *Terza scuola* (escola conciliadora das escolas anteriores) ... 43
- 2.7 A ideologia da defesa social...................................... 44
- 2.8 Teorias psicanalíticas da criminalidade e da sociedade punitiva. Negação ao princípio da legitimidade................. 48
    - 2.8.1 Introdução... 48
    - 2.8.2 Estrutura da personalidade............................... 48

2.8.3　Teorias psicanalíticas da criminalidade.................... 49
2.8.4　Teorias psicanalíticas da sociedade punitiva............... 50

Capítulo 3

Sociologia criminal – As escolas sociológicas do crime.. 61

3.1　Criminologia do consenso e do conflito............................. 61
　3.1.1　Teoria do consenso.. 61
　3.1.2　Teorias do conflito.. 63
3.2　Escola de Chicago e ecologia criminal.............................. 65
3.3　Teoria da associação diferencial..................................... 74
3.4　Teoria da anomia.. 78
3.5　Teoria da subcultura delinquente..................................... 88
3.6　Teoria do *labelling approach*... 90
3.7　Teoria crítica... 95
　3.7.1　Neorretribucionismo (realismo de direita) x neorrealismo de esquerda... 98
　　3.7.1.1　Neorrealismo de esquerda........................... 101
　3.7.2　Teoria minimalista (direito penal mínimo)............ 102
　3.7.3　O abolicionismo.. 103
3.8　Teoria behaviorista (comportamentalismo ou comportamentismo)... 108

Capítulo 4

Vitimologia.. 117

4.1　Introdução... 117
4.2　Conceito de vítima e noções fundamentais..................... 117
4.3　Vítima e sujeito passivo. Desfazendo a confusão terminológica... 119
4.4　Evolução histórica... 120
4.5　Classificação das vítimas... 121
4.6　Complexo criminógeno delinquente e vítima.................. 123
4.7　Política criminal e tratamento da vítima......................... 124
4.8　O *iter victimae* – O processo de vitimização................... 126
4.9　Vitimização primária, secundária e terciária.................. 127
　4.9.1　Vitimização primária.. 127
　4.9.2　Vitimização secundária....................................... 127
　4.9.3　Vitimização terciária... 128
4.10 Teorias vitimológicas.. 129

4.10.1 Teoria do desamparo aprendido 129
4.10.2 Teorias interacionistas 130
4.10.3 Modelos teóricos de orientação situacional 131

Capítulo 5

Prevenção criminal 141

5.1 Prevenção criminal no Estado Democrático de Direito 141
5.2 Prevenção primária 143
5.3 Prevenção secundária 145
5.4 Prevenção terciária 147
    5.4.1 A prevenção terciária por meio da disciplina. A docilização dos corpos 148

Capítulo 6

Estatística criminal, cifra negra e prognóstico criminal .. 157

6.1 Estatística criminal 157
6.2 Cifra negra e cifra dourada 159
6.3 Cifras cinzas, amarelas, verdes e rosas 163
6.4 Técnicas de investigação da cifra negra 165
6.5 Prognóstico criminológico e reincidência 168
    6.5.1 Prognósticos clínicos 168
    6.5.2 Prognósticos estatísticos 169

Capítulo 7

Instâncias de controle 179

7.1 Introdução 179
7.2 Do estado caritativo ao estado penal 180
7.3 Instâncias informais de controle social 185
7.4 Instâncias formais de controle social 186

Capítulo 8

Classificação dos criminosos 191

8.1 Teoria da classificação 191

8.1.1 Para que servem as classificações? 191
8.2 Classificação de Cesare Lombroso 192
8.3 Classificação de Enrico Ferri 194
8.4 Classificação de Raffaele Garofalo 197

Capítulo 9

Teorias da pena 201
9.1 Introdução 201
9.2 Teorias sobre a pena 202
9.3 Teorias absolutas ou retributivas da pena 202
9.4 Teorias relativas 204
    9.4.1 Prevenção geral (positiva e negativa) 207
        9.4.1.1 Prevenção geral negativa 207
        9.4.1.2 Prevenção geral positiva 208
        9.4.1.3 Críticas à teoria da prevenção geral 209
    9.4.2 Prevenção especial (positiva e negativa) 210
        9.4.2.1 Críticas às teorias de prevenção especial 211
9.5 Teorias unificadoras ou ecléticas 212
9.6 O discurso crítico da teoria criminológica da pena 213
    9.6.1 A crítica negativa/agnóstica da pena criminal 213
    9.6.2 A crítica materialista/dialética da pena criminal 216
        9.6.2.1 Retribuição equivalente do crime 216
        9.6.2.2 Prevenção especial como garantia das relações sociais 217
        9.6.2.3 A prevenção geral como afirmação da ideologia dominante 219

Referências 225

1

Conceito, características, objeto, método, finalidade, funções e classificação da criminologia

1.1 Considerações preliminares

O fenômeno criminoso sempre despertou a curiosidade humana. Prova disso é a quantidade enorme de seriados e filmes que elegem o crime como tema central de suas histórias. Isto se explica pela natureza inerente do crime em toda sociedade que, apesar de até hoje ser considerado um problema, é também objeto de curiosidade.

Scott Bonn, professor de criminologia na Drew University e autor do livro *Why We Love Serial Killers* (Porque Amamos Assassinos em Série, em tradução livre) detalha em um artigo publicado na revista *Time* (BONN, 2016): "As pessoas recebem uma 'descarga' de adrenalina como uma recompensa ao testemunhar ações terríveis. A adrenalina é um hormônio que produz um efeito poderoso, estimulante e até viciante no cérebro".

Parte da nossa história e objeto da curiosidade humana, a criminologia ganha contornos científicos e passa a ser uma ciência importante na tomada de decisões de uma sociedade. Como bem cita Eduardo Viana (2018, p. 13):

> É intuitiva a afirmação de que o fenômeno crime exerce algum tipo de atração sobre os homens; bem por isso se diz que a Criminologia sempre existiu, ainda que de maneira elementar, rudimentar e tosca. Precisamente por isso, Göppinger aponta que **a criminologia tem uma curta história, porém um longo passado,** daí porque, pela justa razão, há permanente risco em se recuar muito no tempo em busca de um estudo com verniz criminológico. (Grifos nossos.)

Criminologia é um nome genérico designado a um grupo de temas estreitamente ligados: o estudo e a explicação da infração legal; os meios formais e informais de que a sociedade se utiliza para lidar com o crime e com os atos desviantes; a natureza das posturas com as quais as vítimas desses crimes serão atendidas pela sociedade; e, por derradeiro, o enfoque sobre o autor desses atos desviantes (SHECAIRA, 2019).

Muitos, ainda hoje, escrevem sobre criminologia sob uma perspectiva médica, analisam o comportamento antissocial como anormalidades da personalidade, constituídas ou adquiridas. Estes são minoria, pois os profissionais da área médica devem limitar suas observações aos infratores que sofrem distúrbios com sintomas inequívocos.

Portanto, apesar de citar os diferentes enfoques das correntes criminológicas, vamos nos ater a análise da criminologia sob uma visão macrocriminal, sob um enfoque das ciências sociais.

Antes de analisarmos o conceito da criminologia, convém fazer uma observação importante: a análise da criminologia esbarra nas diferentes perspectivas existentes nas ciências humanas. Definir criminologia sob a perspectiva crítica é algo totalmente diferente do que definir a mesma criminologia sob a perspectiva do positivismo.

Segundo Hilário Veiga de Carvalho (1973), o objeto da criminologia é o estudo da criminalidade, ou seja, do crime e do criminoso. Objeto também utilizado pelo direito penal e pela política criminal, o que leva a alguns autores como Alvino Augusto de Sá (2011, p. 35) a afirmar que a criminologia ainda não é uma ciência autônoma perfeitamente constituída.

Para Shecaira (2019, p. 50), a criminologia não é uma ciência, uma vez que não tem objeto de estudo e teorias próprios, sendo, na verdade, um campo de conhecimentos interligados (interdisciplinaridade), transitando pela sociologia, histórica, psicanálise, antropologia e filosofia, todos focados no fenômeno criminal – é um arquipélago do saber.

Cuidado. Majoritariamente no Brasil, a criminologia é considerada uma **ciência autônoma e interdisciplinar**, que possui objeto próprio analisado sob uma perspectiva particular.

Nesse sentido, convém colacionar as palavras de Figueiredo Dias, citado por Shecaira (2019, p. 46),

> foi mérito de Franz von Lizst ter criado entre os vários pensamentos do crime uma relação que poderia ser denominada de modelo tripartido da "ciência conjunta"

do direito penal. "**Uma ciência conjunta, esta que compreenderia como ciências autônomas**: a ciência estrita do **direito penal**, ou dogmática jurídico-penal," concebida, ao sabor do tempo, como o conjunto dos princípios que subjazem ao ordenamento jurídico-penal e devem ser explicitados dogmática e sistematicamente; **a criminologia**, como ciência das causas do crime e da criminalidade; e a **política criminal**, como "conjunto sistemático dos princípios fundados na investigação científica das causas do crime e dos efeitos da pena, segundo os quais o Estado deve levar a cabo a luta contra o crime por meio da pena e das instituições com esta relacionada". (Grifos nossos.)

1.2 Conceito

Etimologicamente, criminologia deriva do latim *crimen* (crime, delito) e do grego *logo* (tratado). Foi o antropólogo francês, Paul Topinard (1830-1911), o primeiro a utilizar este termo no ano de 1879. Entretanto, o termo só passou a ser aceito e utilizado tal qual nos dias de hoje com a obra *Criminologia*, de Raffaele Garofalo, em 1855.

Para Molina (1999, p. 43), **a criminologia é a ciência empírica e interdisciplinar que tem por objeto o crime, o delinquente, a vítima e o controle social do comportamento delitivo;** e que aporta uma **informação válida, contrastada e confiável**, sobre a gênese, dinâmica e variáveis do crime – contemplado este como fenômeno individual e como problema social, comunitário assim como sua prevenção eficaz, as formas e estratégias de reação ao mesmo e as técnicas de intervenção positiva no infrator.

Segundo Edwin H. Sutherland (1992), **a criminologia é um conjunto de conhecimentos que estudam o fenômeno e as** causas da criminalidade, a personalidade do delinquente, sua conduta delituosa e a maneira de ressocializá-lo.

Por fim, o conceito de Guilherme de Souza Nucci (2020, p. 5),

> Criminologia é a ciência que se volta ao estudo do crime, como fenômeno social, bem como do criminoso, como agente do ato ilícito, em visão ampla e aberta, não se cingindo à análise da norma penal e seus efeitos, mas, sobretudo, às causas que levam à delinquência, possibilitando, pois, o aperfeiçoamento dogmático do sistema penal.

A criminologia é uma **ciência do "ser"**, empírica, na medida em que seu objeto (crime, criminoso, vítima e controle social) é visível no mundo real e não no mundo dos valores, como ocorre com **o direito, que é uma ciência do "dever-ser"**, portanto, normativa e valorativa.

O objeto da criminologia volta-se para o que efetivamente ocorre na sociedade, para os efeitos do crime enquanto fato social inerente a toda sociedade, saber importantíssimo como base empírica para o direito penal e para a política criminal.

Aduz Shecaira (2019, p. 52):

> O direito penal e a criminologia aparecem assim como duas disciplinas que têm o mesmo objetivo com meios diversos: a criminologia com o conhecimento da realidade, e o direito penal com a valoração interessada dessa mesma realidade. Hoje é possível precisar, perfeitamente, a autonomia de ambas as disciplinas e, ao mesmo tempo, sua interdependência. (...) A criminologia, na atualidade, erige-se em estudos críticos do próprio direito penal, o que evita qualquer ideia de subordinação de uma ciência em cotejo com a outra.

Segundo Calhau (2009, p. 8), o **estudo científico do delito** também inclui a sua **medida** e **extensão**, isto é, quantos delitos são cometidos em certo período em dada unidade espacial, podendo ser um país, uma região ou bairro. Naturalmente, a medida pode se referir também a tipos concretos de delitos. Também se ocupa de estudar as tendências dos delitos ao longo do tempo, por exemplo, se aumenta ou diminui; da comparação entre diferentes países, comunidades ou outras entidades; ou de estudar se o delito se concentra em certos lugares, momentos ou grupo de pessoas.

Já o **saber comum ou popular** reflete as experiências vividas pelos membros da sociedade, generalizantes por natureza; é produzido por meio da **convivência social**, na qual se instalam tabus, superstições, mitos e preconceitos, isto é, verdades estabelecidas que condicionam fortemente a vida social pela pura convicção cultural do grupo.

E, nesse sentido (CONDE; HASSEMER, 2001), para evitar a cegueira diante da realidade que muitas vezes tem a regulação jurídica, o **saber normativo**, ou seja, o jurídico, deve ir sempre acompanhado, apoiado e ilustrado pelo **saber empírico**, isto é, pelo conhecimento da realidade que brindam a sociologia, a economia, a psicologia, a antropologia, ou qualquer outra ciência de caráter não jurídico que se ocupe de estudar a realidade do comportamento humano na sociedade.

O contrário, ou seja, um direito penal afastado das vivências sociais, torna-se ilegítimo, simbólico, sem capacidade de moldar comportamentos. Esse é um pouco o retrato da nossa recente história social, com a utilização de incriminações para atender os anseios da mídia, que se autodenomina **clamor social** ou **opinião pública**.

De acordo com Pierre Bourdieu (2002), a opinião pública não existe, é o produto das distorções midiáticas, o que muitas vezes afasta a sociedade da busca da verdade. A produção de leis penais severas procura simbolicamente oferecer respostas à sociedade capazes de acomodar os anseios fugazes e emocionais, passionais da opinião pública, muitas vezes direcionadas pelos meios de comunicação de massa.

Nesse contexto, não devemos nos esquecer do papel cada vez mais destinado à vítima criminal, assunto muito estudado pela vitimologia e pela criminologia, que vem servindo de base para importantes mudanças em nossa legislação penal e processual penal.

1.3 Características

A criminologia possui como principais características o **empirismo** e a **interdisciplinaridade**.

A criminologia é uma ciência do "ser", **empírica**, na medida em que seu objeto (crime, criminoso, vítima e controle social) é visível no mundo real.

Já o direito penal adota o método normativo, apesar de não considerar a lei penal isoladamente. Segundo Busato (2013, p. 4), "o estudo científico do direito penal demanda incursão analítica do instrumento normativo que ele se serve, através da dogmática jurídico-penal, a análise das raízes e fatos determinantes da criminalidade, a análise da criminalidade como um dado fático ou uma produção da própria sociedade mediante o emprego de seus mecanismos de controle – o que remete à criminologia", mas que com ela não se confunde, apesar de estarem relacionadas.

A **interdisciplinaridade** da criminologia decorre de sua própria consolidação histórica como ciência dotada de autonomia, à vista da influência profunda de diversas outras ciências, tais como a sociologia, a psicologia, o direito, a medicina legal etc.

Embora exista um consenso entre os criminólogos de que a criminologia ocupe uma instância superior, esta não se dá de forma piramidal, pois não existe preferência por nenhum saber parcial.

Como bem sintetiza Luiz Flávio Gomes e Molina (2008), as **características da moderna criminologia** são:

- O crime deve ser analisado como um problema com sua face humana e dolorosa.
- Aumenta o espectro de ação da criminologia, para alcançar também a vítima e as instâncias de controle social.
- Acentua a necessidade de prevenção, em contraposição à ideia de repressão dos modelos tradicionais.
- Substitui o conceito de "tratamento" (conotação clínica e individual) por "intervenção" (noção mais dinâmica, complexa, pluridimensional e próxima da realidade social).
- Empresta destaque aos modelos de reação social ao delito como um dos objetos da criminologia.
- Não afasta a análise etiológica do delito (desvio primário).

1.4 Objeto

O objeto de estudo da criminologia é **o delito, o delinquente, a vítima e o controle social** do delito. Cada um desses objetos recebe um conceito próprio.

Nas palavras de Nestor Sampaio Filho (2020, p. 18):

> Desde os primórdios até os dias de hoje a criminologia sofreu mudanças importantes em seu objeto de estudo.

Houve um tempo em que ela apenas se ocupava do estudo do crime (Beccaria), passando pela verificação do delinquente (escola positiva). Após a década de 1950, alcançaram projeção o estudo das vítimas e também os mecanismos de controle social, havendo uma ampliação de seu objeto, que assumiu, portanto, uma feição pluridimensional e interacionista.

O delito, para o direito penal, é considerado como ação ou omissão típica, ilícita e culpável – conceito que tem como base o juízo de subsunção de um fato individualmente considerado perante a norma.

Para a criminologia, contudo, interessa **o delito do ponto de vista coletivo**, quer dizer, como um **fenômeno comunitário**, questionando os parâmetros ("critérios") para a sociedade estabelecer que determinada conduta mereça ser taxada como criminosa. Portanto, cada sociedade, conforme seus valores e costumes, é que disporá sobre quais condutas devem ser consideradas infrações penais.

Segundo Shecaira (2019, p. 56), os critérios são: (a) incidência massiva na população (a conduta rejeitada não é fato isolado); (b) incidência aflitiva do fato (a conduta rejeitada tem relevância social); (c) persistência espaço-temporal do fato; e (d) inequívoco consenso a respeito de que a criminalização do fato é o meio mais eficaz para repressão da conduta.

O autor afirma ainda, que esses são elementos básicos para uma sociedade criminalizar uma conduta, sendo que toda a legislação criminal e suas eventuais reformas deveriam estar assentadas nessas premissas.

Já o conceito de **criminoso** pode ser dividido em algumas perspectivas.

Para os **clássicos**, criminoso é uma pessoa que optou cometer o delito, embora pudesse e devesse obedecer a lei – tudo com base na ideia do livre arbítrio, e de que o mal causado pelo criminoso deveria ser punido de forma proporcional (equivalência entre crime e pena).

Para os autores **positivistas**, o criminoso, na verdade, é "um prisioneiro de sua própria patologia (determinismo biológico), ou de processos causais alheios (determinismo social)", considerando a noção de livre arbítrio uma ilusão, de modo que a consequência jurídica do crime pode estar mais associada a cura, restabelecimento ou contenção do indivíduo, mas não necessariamente a uma punição proporcional (medida de segurança), embora houvesse também positivistas que defendem a aplicação da pena proporcional.

Para a visão **correlacionista**, o criminoso é um ser inferior, deficiente, incapaz de dirigir por si mesmo a sua vida, de modo que é uma pessoa que precisa ser tutelada pelo Estado, e este deveria adotar uma postura pedagógica e piedosa.

Para a visão **marxista**, criminoso é uma mera vítima da superestrutura econômica em que se estabelece a sociedade capitalista (determinismo social e econômico).

Shecaira (2019, p. 12), por sua vez, conceitua o criminoso como

> um ser histórico, real, complexo e enigmático. Embora seja, na maior parte das vezes, um ser absolutamente normal, pode estar sujeito às influências do meio (não aos determinismos). Se for verdade que é condicionado, tem vontade própria e uma assombrosa capacidade de transcender, de superar o legado que recebeu e construir seu próprio futuro.

O conceito de **vítima**[1] não é fornecido por Shecaira, porém, por sua citação a Edgard de Moura Bittencourt, podemos considerar que a vítima é a pessoa que sofre diretamente a ofensa ou ameaça ao bem tutelado pelo direito.

É preciso observar que o modo como a vítima foi encarada pelos estudos penais varia:

a) **1ª fase: "idade de ouro"**, que vai desde os primórdios da civilização até o fim da alta idade média, período em que se destaca a **autotutela e composição**;

b) **2ª fase: neutralização do poder da vítima**, uma vez que as consequências jurídicas do ato delituoso passam a ser da responsabilidade dos poderes públicos, os quais **"esquecem" da vítima** – tendo como marco histórico inicial a publicação do Código Penal francês;

c) **3ª fase: revalorização (ou redescobrimento) da vítima**, tendo como marco o fim da 2ª Guerra Mundial, marcada pelo holocausto, após a qual aparecem os **primeiros estudos sobre vitimologia**, com destaque aos realizados por Benjamim Mendelsohn e Hans von Henting.

O estudo do comportamento da vítima é importantíssimo para entendermos o fenômeno criminoso em alguns casos, mas não pode ser utilizado como panaceia. Isso porque, são poucos os crimes em que o papel da vítima é realmente decisivo. Além disso, o estudo do comportamento da vítima não pode ser utilizado como uma forma de diminuir a responsabilidade do autor do crime. Outro ponto importante é a necessidade de se estudar a problemática da assistência jurídica, moral, psicológica e terapêutica, especialmente naqueles casos

---

[1]. A classificação das vítimas e os níveis de vitimização serão abordados no Capítulo 4.

em que há violência ou grave ameaça à pessoa, crimes que deixam marcas e causam traumas, eventualmente até tomando as medidas necessárias a permitir que tais vítimas sejam indenizadas por programas estatais, como ocorre em inúmeros países.

O **controle social** é exercido em todas as situações sociais, de formas variadas e imprevisíveis. O **objetivo comum** é adaptar a conduta do indivíduo aos padrões de comportamento dominantes. É definido como o conjunto de mecanismos e sanções sociais que pretendem submeter o indivíduo aos modelos e normas comunitárias, e é dividido em duas espécies: **controle social informal e controle social formal.**

O **controle informal** é operado no meio da sociedade civil através da família, escola, ambiente de trabalho e demais espaços de convivência, além da própria opinião pública – estes elementos agem de formam mais sutil, por meio da educação e socialização do indivíduo, acompanhando-o em toda sua existência.

Esse controle tem maior influência em sociedades menos complexas, onde os laços comunitários são fortalecidos pela proximidade, pelo cotidiano, pelo compartilhamento de ideais e valores comunitários (exemplo disso seria um espírito de amizade e vizinhança nas comunidades rurais). **Já nas sociedades mais complexas**, onde o outro é desconhecido, e as oportunidades são transitórias, esses laços não teriam efetiva oportunidade de serem formados (ex.: anonimato urbano), de modo que o controle informal é menos presente, o que deixa grande margem de manobra para controle social formal.

"Quando as instâncias informais de controle social falham ou são ausentes, entram em ação as **agências de controle formais**" (SHECAIRA, 2019, p. 70) sendo estas **marcadas pela formalismo e coerção**, quer dizer, uso organizado (racional) da força, operando através das polícias, do Ministério Público, do Poder

Judiciário e da Administração Penitenciária, os quais têm como norte a pena (repressão) como instrumento ordenador da conduta dos indivíduos.

Contudo, a efetividade do controle formal é sempre relativa, e, a além disso, opera de forma seletiva e discriminatória, de modo que é recomendável que a atuação do controle social formal opere de forma articulada com o informal – exemplo das polícias comunitárias – e baseado no direito penal mínimo (pena, principalmente a privativa de liberdade, como *ultima ratio*).

Quanto ao momento de seleção, o controle social pode ser visualizado nas seguintes etapas:

- **Primeira seleção**
A primeira seleção, no **controle social formal**, dá-se através da atuação dos órgãos de **repressão jurídica**. No caso do Brasil, temos a atuação da polícia judiciária (polícia civil e polícia federal), iniciando a atividade de persecução penal, com o fito de apurar a autoria, materialidade e demais circunstâncias da infração penal.
A polícia civil (judiciária) prepara a ação penal, não apenas praticando os atos essenciais da investigação, mas também organizando uma instrução provisória a que se dá o nome de inquérito policial.
- **Segunda seleção**
A segunda seleção apresenta-se pela atuação do **Ministério Público**, com a propositura da ação penal, instaurando a instância judicial. Há, também, outros meios instrumentais a disposição do Ministério Público, como o inquérito civil, o termo de ajustamento de conduta e a ação civil pública.
- **Terceira seleção**
O processo judicial caracteriza a terceira seleção, o qual acarreta a sentença condenatória transitada em julgado. Sem ol-

vidar das prisões cautelares que expressam a restrição de liberdade, tanto no aspecto preventivo, como, também, no aspecto repressivo. O Estado passa a se impor de forma absoluta sobre o indivíduo, retirando-o do contexto com a pena privativa de liberdade (sanção mais gravosa existente).

Seguimos. Os meios de controle social podem ser negativos ou positivos.

O **controle social negativo** consiste na reprovação de determinados comportamentos através da aplicação de sanções. A intensidade das sanções negativas é variada. Esta pode ser leve ou grave, de caráter intimidador ou de coação.

O **controle social positivo** consiste em premiar e incentivar o "bom comportamento" ou em persuadir os indivíduos, através de orientações e conselhos (sanções positivas). Levando em consideração o critério da intensidade, esse controle pode ser gratificador, orientador ou persuasivo.

O direito consiste em uma forma específica de controle social nas sociedades complexas. Trata-se de um controle formal, determinado por normas de conduta, que apresentam três características: (a) explícitas, indicando à população de forma exata e clara aquilo que não deve fazer; (b) protegidas pelo uso de sanções; (c) interpretadas e aplicadas por agentes oficiais.

A depender da posição teórica adotada (funcionalista ou conflitiva), podem ser feitas afirmações diferentes sobre a finalidade do direito como espécie de controle social institucionalizado pelas autoridades estatais.

Sob a perspectiva **liberal-funcionalista**, o controle social exercido pelo direito tem por objetivo impor regras e padrões de comportamento para preservar a coesão social perante comportamentos desviantes. O controle social diminui os conflitos e garante o convívio pacífico, exprimindo o interesse de todos por usufruir uma vida social ordenada. Nesse caso, o controle é considerado legítimo e necessário para a vida em sociedade ("paz", "civilização"), desde que sejam respeitadas determinadas regras.

Uma política liberal e democrática de controle social restringe seu exercício com base em quatro princípios: (a) consecução de um bem-estar maior do que o que existiria sem o uso do controle social; (b) limitação da intervenção ao estritamente necessário (proporcionalidade entre meio e objetivo); (c) criação democrática dos instrumentos de controle; (d) responsabilização dos agentes de controle (controle dos controladores).

Os juristas-sociólogos de formação funcionalista consideram que o sistema jurídico realiza um controle social baseado nas seguintes características: (a) certeza; (b) exigibilidade; (c) generalidade; (d) garantia do bem comum; (e) expansão; (f) uniformidade: (f.1) espacial; (f.2) objetiva; (f.3) subjetiva; e (f.4) temporal.

Sob a **perspectiva conflitiva**, os instrumentos e os agentes do controle induzem as pessoas a se comportarem de forma funcional ao sistema. O que se controla? Quem é controlado? Para que se controla? Estas são as perguntas formuladas pela teoria do conflito social, que afirma que os detentores do poder direcionam o processo de legislação e de aplicação do direito.

O sistema seria fundamentado na concentração do poder econômico e político. Objeto do controle seria o comportamento que agride a ordem estabelecida, sendo que, na maior parte dos casos, o controle seria exercido sobre as camadas mais carentes da população.

Com relação à sua **finalidade**, o controle social teria por objetivo favorecer os interesses da minoria que detém o poder e a riqueza social (capital, prestígio, bens de consumo), o que demonstraria uma preocupação em condicionar as pessoas a aceitarem uma distribuição desigual dos recursos sociais, ao apresentar a ordem social como "justa", e ao intimidar os que colocam essa afirmação em dúvida.

As regras sociais não exprimiriam uma "vontade geral" ou interesses comuns de todos os cidadãos.

Em outras palavras, os adeptos da teoria conflitiva não aceitam a ideia de que é possível realizar um controle social democrático e em favor da sociedade como um todo, tal como sustentam os liberais. As teorias do conflito partem da existência de grupos sociais divergentes e consideram o controle social como meio de garantia das relações de poder.

Os juristas-sociólogos que adotam a abordagem do conflito social concordam parcialmente com a descrição funcionalista do papel do direito no controle social, como, por exemplo, no que tange aos fenômenos de expansão e de uniformização do direito. Os teóricos do conflito discordam, porém, de forma radical, no que se refere às finalidades do controle. Consideram que o controle realizado através do direito exerce funções latentes, diferentes de suas funções declaradas e criticam o funcionalismo por adotar ideias provenientes do "senso comum". Por não serem dotadas de cientificidade, essas análises possuiriam caráter ideológico, servindo, assim, para legitimar o controle social através do direito, de modo a ocultar sua verdadeira função social.

A visão conflitiva pode ser exprimida através de **cinco críticas**, que indicam quais seriam as funções reais do controle social através do direito: (a) ilegitimidade do poder punitivo; (b) inexistência da distinção entre o bem e o mal ("normalidade do crime"); (c) inexistência da culpabilidade pessoal (pluralidade cultural); (d) impossibilidade de ressocialização; (e) desigualdade na aplicação da lei.

1.5 Método e finalidade

Segundo Nestor Sampaio Filho (2020, p. 22), método é o meio pelo qual o raciocínio humano procura desvendar um fato, referente à natureza, à sociedade e ao próprio homem. No campo da criminologia, essa reflexão humana deve estar apoiada em bases científicas, sistematizadas por experiências, comparadas e repetidas, visando buscar a realidade que se quer alcançar.

A criminologia possui seu método próprio.

Como ciência empírica e experimental que é, a criminologia utiliza-se da metodologia experimental, naturalística e indutiva para estudar o delinquente, não sendo suficiente, no entanto, para delimitar as causas da criminalidade. Por consequência disso, busca auxílio dos métodos estatísticos, históricos e sociológicos, além do biológico.

Convém mencionar que parte da doutrina em criminologia (SHECAIRA, 2019) segue uma postura não positivista, ou seja, assume que as ciências humanas podem ser influenciadas pelas concepções e pré-compreensões que subjazem no pesquisador, de modo que deve ser reconhecido que todo estudo pode ou será afetado por esses fatores subjetivos, quer dizer, inexiste um estudo puramente objetivo.

Quanto ao método, na criminologia, ao contrário do que acontece com o direito, ter-se-ão a interdisciplinaridade e a visão indutiva da realidade, a análise, a observação e a indução substituíram a especulação e o silogismo, distanciando-se, pois, no método abstrato, formal e dedutivo dos pensadores iluministas, chamados de clássicos.

Assim, pode-se afirmar que a abordagem criminológica é empírica, o que significa dizer que seu objeto (delito, delinquente, vítima e controle social) se insere no mundo do real, do verificável, do mensurável, e não no mundo axiológico (como o saber normativo). Daí a necessidade da interdisciplinaridade, em que se acomodam sob a mesma investigação psiquiatras, psicólogos, assistentes sociais, estatísticos, juristas etc.

Vale citar a existência de métodos empíricos consagrados:

Estudos comparativos ou de cotejo de réplicas, chamados de diacrônicos e sincrônicos: o diacrônico busca averiguar em que se difere (objetivo, elementos, técnicas e conclusões) de estudos anteriores, tendo forte teor histórico, podendo retratar uma evolução do contexto estudado; o sincrônico busca averiguar em que se difere de estudos realizados em diversas localidades (outras cidades, outros países), o que pode viabilizar uma "sintonia fina" entre esses estudos.

Inquéritos sociais (*social surveys*), constituídos por realização de interrogatórios diretos em número considerável de pessoas, colhendo-se respostas a respeito de dados criminologicamente relevantes, o que resulta na formação de diagramas, e, dessa forma, no mapeamento da criminalidade, ferramenta extremamente útil à formação das políticas e estratégias criminais.

Estudo biográfico de casos individuais (*case studies*), que é um estudo descritivo e analítico de indivíduos e suas experiências na delinquência – é busca de porquês (causas) pessoais do cometimento de delitos. Temos aqui um enfoque microcriminal.

Observação participante, pesquisa que se opera mediante a inclusão do pesquisador no local, no contexto em que a realidade é examinada. Essa pesquisa pode ser realizada da seguinte forma: viver em uma comunidade onde a criminalidade tem alta incidência; trabalhar no seio da administração da justiça, penitenciária ou policial; passar pela experiência de estar preso.

Técnica de grupos de controle: comparação estatística entre dois grupos com algum traço distintivo, objetivando obter conclusões a respeito da relevância dessa variável nos indivíduos. Exemplo: acompanhar o grau de reincidência entre grupos condenados criminais, tendo como traços distintivos a aplicação ou não da pena privativa de liberdade.

Observando em minúcias o delito, a criminologia usa, portanto, métodos científicos em seus estudos.

Os fins básicos (por vezes confundidos com suas funções) da criminologia são **informar a sociedade e os poderes constituídos acerca do crime, do criminoso, da vítima e dos mecanismos de controle social**. Ainda: a luta contra a criminalidade (controle e prevenção criminal).

A criminologia tem enfoque multidisciplinar, porque se relaciona com o direito penal, com a biologia, a psiquiatria, a psicologia, a sociologia etc.

Em relação a análise do seu objeto em si, a criminologia moderna se baseia no método empírico e interdisciplinar. Por isso, para conhecer bem o assunto de criminologia é necessário se aventurar em leituras pouco comuns aos bacharéis em direito e dominar conceitos filosóficos, sociológicos, biológicos, entre outros.

1.6 Funções

A função prioritária da Criminologia, como ciência interdisciplinar e empírica, é aportar um núcleo de conhecimentos mais seguros e contrastados com o crime, a pessoa do delinquente, a vítima e o controle social.

A investigação criminológica, enquanto atividade **científica**, reduz ao máximo a intuição e o subjetivismo, ao submeter o fenômeno criminal a uma análise rigorosa, com técnicas adequadas e **empíricas**.

Sua metodologia **interdisciplinar** permite coordenar os conhecimentos obtidos setorialmente nos distintos campos de saber pelos respectivos especialistas, eliminando contradições e completando as inevitáveis lacunas. Oferece, pois, um diagnóstico qualificado e de conjunto do fato criminal mais confiável (CALHAU, 2009).

1.7 Classificação da criminologia: criminologia geral (macrocriminologia) e criminologia clínica (microcriminologia)

A classificação é uma disposição de coisas segundo dada ordem (classes) para melhor compreensão de todas elas. Já se disse que a criminologia se ocupa de pesquisar os fatores físicos, sociais, psicológicos que inspiram o criminoso, a evolução do delito, as relações da vítima com o fato e as instâncias de controle social, abrangendo sinteticamente diversas disciplinas criminais, como a antropologia criminal, a biologia criminal, a sociologia criminal, a política criminal etc.

A doutrina dominante entende que a criminologia é uma ciência aplicada que se subdivide em dois ramos: **criminologia geral** e **criminologia clínica**.

A criminologia geral (macrocriminologia) consiste na sistematização, comparação e classificação dos resultados obtidos no âmbito das ciências criminais acerca do crime, criminoso, vítima, controle social e criminalidade.

A criminologia clínica (microcriminologia) consiste na aplicação dos conhecimentos teóricos daquela para o tratamento dos criminosos. A análise é voltada ao indivíduo.

Nas palavras de Eduardo Viana (2018),

> A **Microcriminologia**, esclarecem Hassemer e Muñoz Conde, pela perspectiva etiológica, é voltada principalmente ao autor do delito, individualmente, ou dentro do grupo social onde vive, ao passo que a acentuação dos aspectos sociais na gênese do delito geraria a **Macrocriminologia** (que se ocupa principalmente da análise estrutural da sociedade na qual surge o delito).

Resumo

Conceito, características, objeto, método, finalidade, funções e classificação da criminologia	
Considerações preliminares	Criminologia é um nome genérico designado a um grupo de temas estreitamente ligados: o estudo e a explicação da infração legal; os meios formais e informais de que a sociedade se utiliza para lidar com o crime e com os atos desviantes; a natureza das posturas com as quais as vítimas desses crimes serão atendidas pela sociedade; e, por derradeiro, o enfoque sobre o autor desses atos desviantes (SHECAIRA, 2019).
	Precisamente por isso, Göppinger (1975) aponta que **a criminologia tem uma curta história, porém um longo passado,** daí por que, pela justa razão, há permanente risco em se recuar muito no tempo em busca de um estudo com verniz criminológico.
	A análise da criminologia esbarra nas diferentes perspectivas existentes nas ciências humanas. Definir criminologia sob a perspectiva crítica é algo totalmente diferente do que definir a mesma criminologia sob a perspectiva do positivismo.
	Foi mérito de Franz von Lizst ter criado entre os vários pensamentos do crime uma relação que poderia ser denominada de modelo tripartido da "ciência conjunta" do direito penal. "**Uma ciência conjunta, esta que compreenderia como ciências autônomas**: a ciência estrita do **direito penal**, ou dogmática jurídica-penal,

Considerações preliminares	concebida, ao sabor do tempo como o conjunto dos princípios que subjazem ao ordenamento jurídico-penal e devem ser explicitados dogmática e sistematicamente; **a criminologia**, como ciência das causas do crime e da criminalidade; e a **política criminal**, como 'conjunto sistemático dos princípios fundados na investigação científica das causas do crime e dos efeitos da pena, segundo os quais o Estado deve levar a cabo a luta contra o crime por meio da pena e das instituições com esta relacionada'". (Grifos nossos.)
Conceito	Para Molina (1999), **a criminologia é a ciência empírica e interdisciplinar que tem por objeto o crime, o delinquente, a vítima e o controle social do comportamento delitivo**; e que aporta uma informação válida, contrastada e confiável, sobre a gênese, dinâmica e variáveis do crime – contemplado este como fenômeno individual e como problema social, comunitário, assim como sua prevenção eficaz, as formas e estratégias de reação ao mesmo e as técnicas de intervenção positiva no infrator. A criminologia é uma ciência do "ser", empírica, na medida em que seu objeto (crime, criminoso, vítima e controle social) é visível no mundo real e não no mundo dos valores, como ocorre com o direito, que é uma ciência do "dever-ser", portanto, normativa e valorativa.
Características	A criminologia possui como principais características o **empirismo** e a **interdisciplinaridade**. A criminologia é uma ciência do "ser", **empírica**, na medida em que seu objeto (crime, criminoso, vítima e controle social) é visível no mundo real e não no mundo dos valores, como ocorre com o direito, que é uma ciência do "dever-ser", portanto, normativa e valorativa. A **interdisciplinaridade** da criminologia decorre de sua própria consolidação histórica como ciência dotada de autonomia, à vista da influência profunda de diversas outras ciências, tais como a sociologia, a psicologia, o direito, a medicina legal etc.

Conceito, características, objeto, método, finalidade, funções e classificação da criminologia	
Objeto	**Objeto de estudo da criminologia é o delito, o delinquente, a vítima e o controle social do delito. Cada um desses objetos recebe um conceito próprio.** **O delito**, para o direito penal, é considerado como ação ou omissão típica, ilícita e culpável – conceito que tem como base o juízo de subsunção de um fato individualmente considerado perante a norma. Já o conceito de **criminoso** pode ser dividido em algumas perspectivas. Para os **clássicos**, criminoso é uma pessoa que optou cometer o delito, embora pudesse e devesse obedecer a lei – tudo com base na ideia do livre arbítrio, e de que o mal causado pelo criminoso deveria ser punido de forma proporcional (equivalência entre crime e pena). Para os autores **positivistas**, o criminoso, na verdade, é "um prisioneiro de sua própria patologia (determinismo biológico), ou de processos causais alheios (determinismo social)", considerando a noção de livre arbítrio uma ilusão, de modo que a consequência jurídica do crime pode estar mais associada a cura, restabelecimento ou contenção do indivíduo, mas não necessariamente a uma punição proporcional (medida de segurança), embora houvesse também positivistas que defendem a aplicação da pena proporcional. Para a visão **correlacionista**, o criminoso é um ser inferior, deficiente, incapaz de dirigir por si mesmo a sua vida, de modo que é uma pessoa que precisa ser tutelada pelo Estado, e este deveria adotar uma postura pedagógica e piedosa. Para a visão **marxista**, criminoso é uma mera vítima da superestrutura econômica em que se estabelece a sociedade capitalista (determinismo social e econômico). O conceito de **vítima**[2] não é fornecido por Shecaira, porém, por sua citação à Edgard de Moura

---

[2] A classificação das vítimas e os níveis de vitimização serão abordados em capítulo próprio.

Objeto	Bittencourt, podemos considerar que a **vítima é a pessoa que sofre diretamente a ofensa ou ameaça ao bem tutelado pelo direito** (BITENCOURT, 2020). Por fim, chegamos ao **controle social do delito**, o qual é definido como "o conjunto de mecanismos e sanções sociais que pretendem submeter o indivíduo aos modelos e normas comunitárias", e é dividido em duas espécies: **controle social informal** e **controle social formal.** O **controle informal** é operado no meio da sociedade civil através da família, escola, ambiente de trabalho e demais espaços de convivência, além da própria opinião pública – estes elementos agem de formam mais sutil, por meio da educação e socialização do indivíduo, acompanhando-o em toda sua existência. **Esse controle tem maior influência em sociedades menos complexas**, onde os laços comunitários são fortalecidos pela proximidade, pelo cotidiano, pelo compartilhamento de ideais e valores comunitários (exemplo disso seria um espírito de amizade e vizinhança nas comunidades rurais). **Já nas sociedades mais complexas**, onde o outro é desconhecido, e as oportunidades são transitórias, esses laços não teriam efetiva oportunidade de serem formados (ex.: anonimato urbano), de modo que **o controle informal é menos presente**, o que deixa grande margem de manobra para o **controle social formal.** "Quando as instâncias informais de controle social falham ou são ausentes, entram em ação as **agências de controle formais**" (SHECAIRA, 2019), sendo estas **marcadas pela formalismo e coerção**, quer dizer, uso organizado (racional) da força, operando através das polícias, do Ministério Público, do Poder Judiciário e da Administração Penitenciária, os quais têm como norte a pena (repressão) como instrumento ordenador da conduta dos indivíduos.
Modo e finalidade	Como **ciência empírica e experimental** que é, a criminologia utiliza-se da metodologia experimental, naturalística e indutiva para estudar o delinquente, não sendo suficiente, no entanto, para delimitar as

Modo e finalidade	causas da criminalidade. Por consequência disso, busca auxílio dos métodos estatísticos, históricos e sociológicos, além do biológico. Os fins básicos (por vezes confundidos com suas funções) da criminologia são informar a sociedade e os poderes constituídos acerca do crime, do criminoso, da vítima e dos mecanismos de controle social.
Funções	A função prioritária da Criminologia, como ciência interdisciplinar e empírica, é aportar um núcleo de conhecimentos mais seguros e contrastados com o crime, a pessoa do delinquente, a vítima e o controle social.
Classificação da criminologia: criminologia geral (Macrocriminologia) e criminologia clínica (Microcriminologia)	**A criminologia geral (Macrocriminologia)** consiste na sistematização, comparação e classificação dos resultados obtidos no âmbito das ciências criminais acerca do crime, criminoso, vítima, controle social e criminalidade. **A criminologia clínica (Microcriminologia)** consiste na aplicação dos conhecimentos teóricos daquela para o tratamento dos criminosos. A análise é voltada ao indivíduo.

2

História da criminologia (nascimento da criminologia)

2.1 Evolução histórica da criminologia. Criminologia pré-científica (precursores). Criminologia científica

Quando nasceu a criminologia?

Este tema é alvo de debate, o que é acentuado pelo fato de que há estudos de criminologia cujos autores não sabiam que disso tratavam, e há estudos que se intitulam como "criminologia" sem o ser (sem utilizar-se do objeto e método criminológico). A nomenclatura é, historicamente, um problema por si só.

Para muitos autores, a criminologia, como ciência, nasce com a publicação da obra *L'Uomo Delinquente*, de Lombroso (1876), mas há autores que atribuem o nascimento da Criminologia a Cesare Beccaria, em sua obra *Dei Delitti e Delle Pene* (1764), traduzido e publicado no Brasil como *Dos delitos e das penas*. Entretanto, antes dele, diversas investigações sobre o crime e o criminoso foram feitas com base no empirismo, método próprio da criminologia, ainda que, em alguns momentos, em maior ou menor grau.

Uma das classificações históricas da Criminologia divide o seu desenvolvimento em duas fases: **período pré-científico** e **período científico.**

O período **pré-científico** abrange desde a Antiguidade, onde encontramos diversos textos esparsos de alguns autores que já demonstravam preocupação com o crime, terminando com o surgimento do trabalho de Beccaria ou de Lombroso. Isso porque a doutrina diverge sobre qual dos trabalhos importou, efetivamente, no início do período científico.

Antes mesmo do surgimento da escola clássica, tivemos alguns precursores da criminologia. Ora, desde a antiguidade houve preocupação com evento criminoso e suas possíveis causas, e, neste aspecto, destacam-se os exemplos a seguir (SHECAIRA, 2019):

O **código de Hamurabi** dispõe que a pena dos ricos deve ser mais severa que a dos pobres, pois os ricos têm melhores oportunidades, dispondo, também, da punição de altos funcionários públicos corruptos. Intuindo que a pobreza pode contribuir, de alguma forma, para que alguém cometa crimes.

Hipócrates, pai da medicina, afirmou que a fisionomia é fonte para julgamento do caráter ou temperamento de pacientes, no que foi precursor de uma série de autores que afirmavam que aspectos da fisionomia ou fisiologia humana poderiam determinar seu caráter, seu comportamento social, e até mesmo a propensão ao cometimento de crimes – ex.: de autores: Giovanni Battista Della Porta Vico Equense; Johan Caspar Lavater (que estudou, entre outros assuntos, a craniometria[1]); Petrus Camper;[2] Franz Joseph Gall (que desenvolveu a

---

[1] Estudo externo das aparências do crânio.
[2] Tais autores autorizaram o surgimento de consequências na esfera jurídica de medidas evidentemente discriminadoras. Um juiz napolitano conhecido como Marquês de

cranioscopia[3] e a frenologia[4]); Johan Caspar Spurzheim (médico frenologista); Bénedict-Augustin Morel (psiquiatra); Próspero Despine; Prosper Lucas (antropólogo); Gaspar Virgílio (antropólogo); Herbert Spencer (sociólogo e filósofo) – **todos esses autores, em maior ou menor grau, chegaram à conclusão de que os aspectos externos da pessoa (ex.: formatação da face, deformidade craniana, doenças, vícios, raça, pobreza) poderiam indicar a natureza moral do indivíduo, inclusive a tendência à atividade criminosa (determinismo biológico), o que, muitas vezes, "justificou" o colonialismo, eugenia e racismo, mas também serviu como base para o surgimento da escola positivista italiana.**

Destacam-se, entre elas, as proposições de Prosper Lucas no que se refere ao atavismo, que seria uma tendência criminosa herdada de ascendentes, numa espécie de retorno ao homem primitivo, o qual era caracterizado por muitos como um ser bruto e violento.

Em sentido assemelhado, Herbert Spencer utilizou-se de conceitos da biologia sobre evolução trazidos por Charles Darwin e Lamark para defender a existência de seres humanos mais aptos e menos aptos, bem como de raças superiores e inferiores, devendo aquelas prevalecerem (dominarem) sobre estas. Também é preciso atentar que o estudo da cabeça, face e crânio teve influência relevante nas conclusões da escola positivista italiana.

Moscardi decidia em última instância os processos que até eles chegavam, e criou o conhecido Edito de Valério que afirmava: quando se tem dúvida entre dois presumidos culpados, condena-se sempre o mais feio. A pena que sempre aplicara era a de morte ou perpétua, terminando sempre suas sentenças com o bordão: "ouvidas acusação e defesa e examinadas a cabeça e a face do acusado, condeno-o".

3. Método de medição da cabeça para adivinhar faculdades mentais e morais.
4. "A frenologia regia-se pelas seguintes proposições: (I) toda faculdade mental tem um território; (II) a forma do crânio é a impressão fiel da composição cerebral; e (III) existem ligações entre o cérebro e as faculdades psíquicas, pelo que qualquer alteração da constituição orgânica corresponde a uma alteração da função psíquica, tal sendo detectado pela análise da morfologia craniana" (SHECAIRA, 2019).

Também houve autores que basearam a formação teórica da **escola clássica**: Hugo Grócio (defensor do direito natural, ou jusnaturalismo, linha de pensamento que defendeu que as leis deveriam seguir os ditames da racionalidade universal); Rousseau (expoente do contratualismo); John Howard (denunciou o estado miserável dos presos na Inglaterra – 1777); Jeremy Bentham (expoente do utilitarismo e defensor de um tipo ideal de presídio chamado Panóptico[5]).

Adolphe Quetelet – expoente da escola cartográfica – utilizou-se das pesquisas censitárias de seu país (Bélgica) para desenvolver uma teoria criminológica de cariz sociológico baseada em estudos estatísticos, concluindo que os delinquentes se limitavam a executar os fatos preparados pela sociedade, em decorrência dos estados econômicos e sociais do momento.

Afirmou que o crime teria uma regularidade constante, o que culminou na criação dos conceitos conhecidos como criminalidade real, aparente e legal – o número de crimes noticiados, investigados ou julgados é menor que o efetivamente existente, o que traduz o conceito da cifra negra da criminalidade. Vale afirmar que seu pensamento influenciou não só a escola de Chicago, estudada adiante, mas todos os criminólogos em geral, os quais utilizam-se de métodos estatísticos.

Escola de Lyon, que tem como expoentes Alexandre **Lacassagne** e Gabriel **Tarde**, que se opuseram contra as ideias da escola positivista italiana.

Lacassagne defendeu que há dois fatores que influenciam para o ato delituoso: os predisponentes (ínsito do indiví-

---

[5]. Este presídio, construído de forma circular, permitia que os presos fossem vigiados a todo momento sem saber que estivessem sendo vigiados. Da torre central de um presídio circular todos os corredores radiais seriam observados, bastando, para tanto movimentar a cabeça nas diferentes direções, para se ter o controle pleno de todo o edifício, sem que os presos pudessem saber que estavam sendo vigiados.

duo) e os determinantes (desorganização da sociedade) – quanto mais desorganizada for uma sociedade (quer dizer, quanto maior a miséria das pessoas) maior a criminalidade.

Tarde, por sua vez, discordou de Émile Durkheim a respeito do fato delituoso ser algo normal; também discordou do atavismo ou clima como fator criminógeno. Ele defendeu que os fatores sociais é que afetam a criminalidade, a exemplo do fato de crianças passarem seu tempo fora da escola, isto é, em outros locais como ruas e praças, e onde, em verdade, teriam a oportunidade de aprender (imitar) comportamentos ilícitos com aqueles que já praticavam (contato social deletério) – e, neste aspecto, **Tarde** foi precursor da teoria da associação diferencial, o que será estudado posteriormente.

Vistos os precursores, vale lembrar que a criminologia só surgiria com o advento do período científico. Podemos, então, afirmar resumidamente que o debate se concentra em duas afirmações básicas: a primeira, que **a criminologia nasce com a escola clássica**. Além de Beccaria, despontam como grandes intelectos dessa corrente Francesco Carrara (dogmática penal) e Giovanni Carmignani, que se destacam por basear suas ideias exclusivamente na razão iluminista, com enfoque no crime; e a segunda, que a criminologia inicia com a escola positivista italiana (Lombroso, Garofalo e Ferri), que se destaca pelo uso da experimentação racional (métodos empíricos), com enfoque no criminoso.

O tema será debatido de forma completa a seguir.

2.2 O iluminismo e as primeiras escolas sociológicas

Antes do iluminismo, diversas crenças e pensamentos ligados à religião buscavam compreender o crime e o criminoso.

Conforme leciona Lima Jr. (2017, p. 42),

> No período da Idade Média vigorava na Europa o sistema feudal, e o cristianismo era a ideologia religiosa dominante da época. Nesta fase, é conveniente citar São Tomás de Aquino (1226-1274), precursor da Justiça Distributiva, isto é, de se dar a cada um o que é seu segundo certa igualdade. Sustentava que a pobreza desencadeava o roubo e defendia o furto famélico, origem da excludente – estado de necessidade. Outra personalidade marcante, tida como pensador medieval, é Santo Agostinho (354 a 430 d.C.), que compreendia a pena de talião como uma injustiça, vez que para ele a pena deveria assumir um papel de defesa social, e promover a ressocialização do delinquente sem perder de vista seu cunho intimidatório.

Ressalta Bernaldo de Queirós que a **Demonologia, mais que todas as ciências ocultas, é a mãe em linha reta da Criminologia**. Pelas mãos da Demonologia procurou-se explicar o mal por meio da existência do demônio. A Demonologia, portanto, é o estudo da natureza e qualidades dos demônios e tal foi seu desenvolvimento que se chegou ao número de 7 milhões de diabos (VIANA, 2018, p. 27).

Com a queda da unidade religiosa e as transformações culturais dos séculos XVII e XVIII, surge em toda a Europa uma nova forma de pensar e os fundamentos teístas (ligados à religião) foram perdendo força.

Foi tão amplo que promoveu mudanças políticas, econômicas e sociais, baseadas nos ideais de liberdade, igualdade e fraternidade. O iluminismo tinha o apoio da burguesia, pois os pensadores e os burgueses tinham interesses comuns.

As críticas do movimento ao Antigo Regime eram em vários aspectos como: mercantilismo, absolutismo monárquico e o poder da igreja e as verdades reveladas pela fé.

As ideias liberais do iluminismo se disseminaram rapidamente pela população. Alguns reis absolutistas, com medo de perder o governo – ou mesmo a cabeça –, passaram a aceitar algumas ideias iluministas. Estes reis eram denominados Déspotas Esclarecidos, pois tentavam conciliar o jeito de governar absolutista com as ideias de progresso iluministas.

O mais importante autor do iluminismo foi John Locke. Considerado o "pai do iluminismo", sua principal obra foi *Ensaio sobre o entendimento humano*, onde Locke defende a razão afirmando que a nossa mente é como uma tábula rasa sem nenhuma ideia. Defendeu a liberdade dos cidadãos e condenou o absolutismo.

As acentuadas modificações surgidas nesse período, que contaram com grandes movimentos de massa e com a revolução industrial, requisitaram um certo movimento interpretativo e explicativo que pudesse dar respostas mais precisas as indagações daquele momento. Tais respostas só foram possíveis com o surgimento do pensamento racional, que pretendia fazer encadear, logicamente, modelos explicativos para as questões sociais.

Daí o surgimento da ideia de "ciências sociais", com esteio analógico nos mesmos paradigmas das ciências naturais. Se os modelos teóricos da investigação experimental eram suficientes para as ciências naturais, não haveriam de sê-lo, também, para as ciências sociais? Ou ainda, sob outra perspectiva, o culto à razão, modelador do pensamento biológico científico, não poderia ser suficiente para transformações? Para as duas perguntas surgiram respostas distintas: a positivista e a clássica. Ambas, no entanto, têm algo em comum. São respostas que ancoram seu pensamento na grande transformação iluminista. A escola clássica enraíza suas ideias exclusivamente na razão iluminista, e a escola positivista, na exacerbação da razão confirmada por meio da experimentação. Como destaca Nestor Sampaio Filho (2020),

> O apogeu do Iluminismo deu-se na Revolução Francesa, com o pensamento liberal e humanista de seus expoentes, dentre os quais se destacam Voltaire, Montesquieu e Rousseau, que teceram inúmeras críticas à legislação criminal que vigorava na Europa em meados do século XVIII, aduzindo a necessidade de individualização da pena, de redução das penas cruéis, de proporcionalidade etc.

Ressalto: **ambas as escolas sofreram influências do individualismo, do culto à razão e de suas transformações sociais.**

2.3 A escola clássica

Longe de possuir uma uniformidade, a chamada escola clássica apresentou diversas vertentes do pensamento. Sob esta etiqueta, **clássicos, situam-se representantes com pontos de vista de diversos matizes**, inclusive divergentes, mas que guardam entre si concepções convergentes sobre postulados fundamentais. Por essa razão, há quem negue a sua existência.

Nestor Sampaio Filho (2020) nos adverte que não existiu propriamente uma escola clássica, que foi assim denominada pelos positivistas em tom pejorativo (Ferri).

Nesse aspecto, destaca-se **Cesare Bonesana, Marquês de Beccaria**, com seu livro *Dos Delitos e Das Penas* (1764), não por sua originalidade, mas por sintetizar as ideias sobre o direito penal de sua época. Ele defendeu que a existência de leis simples, de conhecimento comum – assim, essas leis poderiam ser obedecidas por todos os cidadãos; defendeu que só a lei deveria fixar penas, e não os juízes, que, em geral, o faziam de modo arbitrário; foi contra penas de confisco, cruéis e de capital, e além das que recaíssem sobre a família do condenado; afirmou que o mais importante é a efetividade da lei (certeza da aplicação da pena), e não o rigor da mesma (dureza da pena); criticou aspectos do direito probatório, tais como tortura, testemunhos secretos, juízos de Deus, não admissão do testemunho da mulher e ausência de atenção à palavra do condenado.

Outro expoente é **Francesco Carrara**, que também sintetizou os pensamentos da escola clássica, defendendo que "**o crime não é um ente de fato, é um ente jurídico; não é uma ação, é uma infração**" (grifos nossos).

É um ente jurídico porque sua essência deve consistir necessariamente na violação de um direito. Com tal pensamento queria se dizer que o crime é a violação do direito como exigência racional e não como norma do direito positivo, em uma clara alusão ao pensamento contratualista. Se o crime é uma exigência racional, ele só pode emanar da liberdade de querer como um axioma fundamental para o sistema punitivo. Advém daí o chamado livre-arbítrio, base da atribuição de uma pena proporcional (SHECAIRA, 2019).

Outro aspecto importante da escola clássica é que a pena era entendida como uma forma de reparação pelo dano causado pelo crime, e, como consequência, caracterizava-se por defender penas certas e determinadas.

Percebe-se que o método de estudo da escola clássica é lógico-abstrato ou dedutivo. Outrossim, tem o enfoque de estudo no conceito de crime e de pena, tendo como pressuposto absoluto a racionalidade de todos os indivíduos e o livre-arbítrio. Isso, contudo, não foi suficiente para explicar alguns fenômenos sociais, o que, aliado ao não alcance das expectativas quanto ao capitalismo diante de uma criminalidade crescente, abriu espaço para o florescimento da escola positivista.

Como bem resumem Figueiredo Dias e Manuel da Costa Andrade (1997), "Pela sua índole e pelo seu impacto histórico, sobressai naturalmente a obra de Beccaria, *Dei Delitti e Delle Pene* (1764), que já foi crismada (por Radzinowicz) como **o manifesto da abordagem liberal ao direito criminal**" (grifos nossos).

Em síntese, Beccaria procurou fundamentar a **legitimidade** do direito de punir, bem como definir critérios da sua utilidade, a partir do postulado do **contrato social**. Serão ilegítimas todas as penas que não relevem da salvaguarda do contrato social (se da tutela de interesses de terceiros), e inúteis todas as que não sejam adequadas a obviar as suas violações futuras, em particular as que se revelem ineficazes do ponto de vista da prevenção geral. É desta tese central que decorrem as reivindicações de direito substantivo e processual que Beccaria fez eco e que, no seu conjunto, persistem ainda como arquétipo do moderno ordenamento jurídico-penal.

Em uma apertada síntese, os **princípios fundamentais** da escola clássica são (SAMPAIO FILHO, 2020):

a) o crime é um ente jurídico; não é uma ação, mas sim uma infração (Carrara);
b) a punibilidade deve ser baseada no livre-arbítrio;
c) a pena deve ter nítido caráter de retribuição pela culpa moral do delinquente (maldade), de modo a prevenir o

delito com certeza, rapidez e severidade e a restaurar a ordem externa social;
d) método e raciocínio lógico-dedutivo.

2.4 A escola positivista

A escola positivista também sofreu influências do discurso antropocêntrico e emancipatório do iluminismo, que não mais aceita respostas teístas[6] para os questionamentos sociais, tais como: **Por que alguém pratica crime?**

Tem como marco inicial a publicação do livro *O Homem Delinquente* (1876), de Cesare Lombroso, que é um relatório do exame sistemático de um grande número de criminosos (muitos deles classificados como loucos e anormais), expondo uma série de observações e conclusões sobre seus comportamentos, vícios, feições, estruturas físicas e habilidades.

Utilizou-se do conceito de degeneração, atavismo e criminoso nato. Isso foi feito tendo como pressuposto teórico a frenologia, craniometria e antropologia, e como método o empírico-dedutivo ou indutivo-experimental. Sobre o tema, convém citar o seguinte trecho encontrado em Shecaira (2019): "Lombroso afirma ser o crime um fenômeno biológico e não um ente jurídico (como sustentavam os clássicos), razão pela qual o método que deve ser utilizado para o seu estudo havia de ser o experimental (indutivo)". Nunca é demais lembrar que suas pesquisas foram em grande parte feitas em hospitais, manicômios e penitenciárias.

Lombroso (2016) afirmava ser o criminoso um ser atávico que representa a regressão do homem ao primitivismo e que

---

[6.] Advindas da religião, da fé e da mitologia.

o mundo circundante era motivo desencadeador de uma predisposição inata, própria do sujeito em referência. Ele não nega os fatores exógenos, apenas afirma que estes só servem como desencadeadores dos fatores clínicos (endógenos). Para ele, o criminoso sempre nascia criminoso. O positivismo lombrosiano é marcadamente de um determinismo biológico, em que a liberdade humana – o livre-arbítrio – a é uma mera ficção.

Lombroso (2016) trouxe a seguinte classificação de criminoso:

- **Criminoso nato:** influência biológica, estigmas, instinto criminoso, um selvagem da sociedade, o degenerado (cabeça pequena, deformada, fronte fugidia, sobrancelhas salientes, maçãs afastadas, orelhas malformadas, braços compridos, face enorme, tatuado, impulsivo, mentiroso e falador de gírias etc.). Depois agregou ao conceito a epilepsia.
- **Criminosos loucos:** perversos, loucos morais, alienados mentais que devem permanecer no hospício.
- **Criminosos de ocasião:** predispostos hereditariamente, são pseudocriminosos; "a ocasião faz o ladrão"; assumem hábitos criminosos influenciados por circunstâncias.
- **Criminosos por paixão:** sanguíneos, nervosos, irrefletidos, usam da violência para solucionar questões passionais; exaltados.

O sucessor de Lombroso foi **Enrico Ferri**, criador da sociologia criminal. Este detinha uma "compreensão mais larga da criminalidade, evitando o reducionismo antropológico", reconhecendo que a complexidade do fenômeno da criminalidade decorria também de fatores físicos e sociais, sendo que estes preponderariam sobre os demais. De todo modo, critica o livre arbítrio como fundamento da imputabilidade (não há como fundamentar a pena em algo que não existe), de modo que a responsabilidade moral deveria ser substituída pela responsabilidade social – quer dizer, a pena serve como defesa da sociedade, e não como repreensão ao que comete crime. Ferri (2010) classificou o criminoso em cinco categorias:

1. **Criminoso nato (conceito lombrosiano)**: caracteriza-se por ser precoce e incorrigível, dotado de uma impulsividade ínsita, sendo que esta o faz praticar o crime, e isso, em geral, por motivos desproporcionais.
2. **Louco**: comete o crime não só pela enfermidade mental, mas também pela atrofia do senso moral.
3. **Criminoso habitual**: pessoa cuja origem é marcada pela miséria moral e material, e inicia a carreira criminosa com pequenos delitos, mas que progride até alcançar patamares mais graves. É um tipo urbano, perigoso e de difícil readaptabilidade.
4. **Criminoso ocasional**: pessoa que comete o crime em face das circunstâncias extremas que o assolam: injusta provocação, necessidades familiares ou pessoais, facilidade de execução, comoção pública etc. É o tipo menos perigoso e de readaptação mais fácil.
5. **Criminoso passional**: pessoa que pratica o crime por causa de paixões pessoais, políticas ou sociais.

Terceiro autor central para as ideias do positivismo italiano é **Raffaele Garofalo**.

Ele defendeu que o crime está no indivíduo, sendo a revelação de sua natureza degenerada. Desenvolveu o conceito de **temebilidade ou de periculosidade**, que pode ser resumida como **probabilidade e a potencialidade do mal voltar a ser praticado pelo criminoso condenado, fazendo necessária a aplicação de uma medida de segurança, que buscaria erradicar** a inadaptabilidade do indivíduo à vida em sociedade – sendo que esse tratamento deveria durar o tempo que fosse necessário. Afirmou ainda a existência do que denominou **delitos naturais**, que seriam práticas rejeitadas pela sociedade, em todo tempo e em todo lugar, por violar os sentimentos altruístas fundamentais do gênero humano: piedade e probidade.

Garofalo (2010) cita como exemplo homicídio por mera brutalidade. Influenciado por Herbert Spencer, defendeu a aplicação rigorosa do direito penal, isto é, dele utilizar-se como instrumento de eliminação de alguns tipos de criminosos com a pena de morte.

Pode-se afirmar, portanto, que a escola positivista teve três fases: **antropológica (Lombroso), sociológica (Ferri) e jurídica (Garofalo)**.

2.4.1 O início do período científico

Há uma discussão, um tanto quanto anedótica, a respeito do início do período científico da criminologia. Uma primeira posição defende que o surgimento da criminologia como ciência se deu com o positivismo, seja sociológico ou biológico, enquanto uma segunda posição defende que o período científico se iniciou com a escola clássica.

Teceremos alguns comentários sobre cada linha de pensamento.

Majoritariamente, os autores consideram Cesare Lombroso o fundador da criminologia científica, com a publicação da obra *O homem delinquente*, em 1876. Isso porque, o que identifica a criminologia como ciência é o método empírico, que seria avesso às ideias da escola clássica. Em sentido estrito, a criminologia é uma disciplina 'científica', de base empírica, que surge quando a denominada escola positivista italiana (*scuola positiva*), e dizer, o positivismo criminológico, cujos representantes mais conhecidos foram Lombroso, Garofalo e Ferri, generalizou o método de investigação empírico-indutivo.

Em sentido contrário, importantes autores como Eugenio Raúl Zaffaroni e Sergio Salomão Shecaira entendem que a natureza sistemática da escola clássica permite identificá-la como início da criminologia enquanto ciência. Essa afirmação retira o protagonismo precursor de Lombroso, mas não nega, de maneira nenhuma, a importância dos seus estudos para a construção da ciência criminológica, o que se afirma é que antes mesmo dele já existiam estudos criminológicos construídos de forma sistemática. Alguns dos autores citados como fundamento de tal afirmação são: Cesare Bonesana, Marquês de Beccaria, ao publicar a obra *Dos delitos e das penas*, em 1764, além de Paul Topinard, que em 1879, pela primeira vez, utilizou a palavra "criminologia". Há, ainda, aqueles que veem em Quetelet, expoente da escola cartográfica, autor da obra *Ensaio de física social*, o verdadeiro marco da criminologia.

2.5 Escola sociológica alemã ou escola de política criminal ou moderna alemã

A Alemanha, na primeira metade do século XX, é influenciada pelas concepções que exaltavam o purismo da ciência penal, corporificado no excessivo apego pela razão abstrata, formal e dedutiva.

Em sentido oposto, surge a chamada **escola sociológica alemã** (ou também escola de Marburgo, escola moderna, nova escola ou escola de política criminal), que **posicionava-se a favor da investigação sociológica e da utilização de seus conhecimentos para o enfrentamento da criminalidade** (VIANA, 2018).

Franz Von Liszt, ao desenvolver o Programa de Marburgo (1882), criou um modelo integrado e relativamente harmônico entre dogmática e política criminal, postulando ser tarefa da ciência jurídica estabelecer instrumentos flexíveis e multifuncionais com o objetivo de ressocializar e intimidar as mais diversas classes de delinquentes.

Sustenta a negação do determinismo positivista italiano, voltando seus estudos para um aspecto sociológico do delito, sem abandonar o estudo dogmático. De modo geral, em primeira aproximação, o pensamento sociológico alemão conserva a distinção entre imputabilidade e inimputabilidade e substitui o critério do livre arbítrio dos Clássicos pelo critério da **normalidade**; mantém a pena vinculada à **culpabilidade**; e, à medida de segurança, desenvolve a noção de **periculosidade** (estado perigoso).

A escola sociológica alemã teve vários importantes expoentes, entretanto, como o objetivo da nossa obra é sintetizar o conhecimento, principalmente para provas de concurso, o principal deles foi Franz von Lizst.

Von Lizst ampliou na conceituação das ciências penais a criminologia (com a explicação das causas do delito) e a penologia (causas e efeitos da pena).

Os **postulados** da escola de política criminal foram (SAMPAIO FILHO, 2020):

a) o método indutivo-experimental para a criminologia;
b) a distinção entre imputáveis e inimputáveis (pena para os normais e medida de segurança para os perigosos);
c) o crime como fenômeno humano-social e como fato jurídico;
d) a função finalística da pena – prevenção especial;
e) a eliminação ou substituição das penas privativas de liberdade de curta duração.

2.6 *Terza scuola* (escola conciliadora das escolas anteriores)

Depois do surgimento das escolas clássica e positivista, apareceram outras correntes que procuraram conciliar seus preceitos. Dentre essas teorias ecléticas ou intermediárias, reuniram-se penalistas orientados por novas ideias, mas sem romper definitivamente com as orientações clássicas ou positivistas.

A primeira dessas correntes ecléticas surgiu com a *terza scuola* italiana, também conhecida como **escola crítica**, a partir do famoso artigo publicado por Manuel Carnevale, *Una Terza Scuola di Diritto Penale in Italia*, em 1891. Integraram também essa nova escola, que marcou o início do positivismo crítico, Bernardino Alimena (*Naturalismo Crítico e Diritto Penale*) e João Impallomeni (*Istituzioni di Diritto Penale*).

A *terza scuola* acolhe o princípio da responsabilidade moral e a consequente distinção entre imputáveis e inimputáveis, **mas não aceita que a responsabilidade moral se fundamente no livre-arbítrio**, substituindo-o pelo **determinismo psicológico**: o homem é determinado pelo motivo mais forte, sendo imputável quem tiver capacidade de se deixar levar pelos motivos. A quem não tiver tal capacidade deverá ser aplicada medida de segurança e não pena. Enfim, para Impallomeni, a imputabilidade resulta da **intimidabilidade** e, para Alimena, resulta da **dirigibilidade** dos atos do homem (PRADO; BITTENCOURT, 1996).

O crime, para esta escola, é concebido como um fenômeno social e individual, condicionado, porém, pelos fatores apontados por Ferri. **O fim da pena é a defesa social**, embora sem perder seu caráter aflitivo, e é de natureza absolutamente distinta da medida de segurança.

A *terza scuola* fixou os seguintes postulados criminológicos (Filho, 2020):

a) distinção entre imputáveis e inimputáveis;
b) responsabilidade moral baseada no determinismo (quem não tiver a capacidade de se levar pelos motivos deverá receber uma medida de segurança);
c) crime como fenômeno social e individual;
d) pena com caráter aflitivo, cuja finalidade é a defesa social.

2.7 A ideologia da defesa social

É muito importante para o nosso estudo a precisa distinção entre os principais pilares teóricos da escola clássica e da escola positivista, não só porque o tema é recorrente nas provas, mas porque é também central para a compreensão de outras categorias da criminologia. Apenar disso, existem alguns pontos em comum, que precisam ser destacados.

Além da influência do iluminismo, tema já tratado, podemos lembrar também que tanto a escola clássica quanto a escola positivista adoram um modelo científico voltado à integração das ciências penais (modelo de ciência penal integrada), ou seja, um elo entre a ciência jurídica e a concepção geral do homem e da sociedade.

Nesse cenário, é possível ainda afirmar que, mesmo nos diferentes autores das referidas escolas, podemos identificar a presença de uma **ideologia da defesa social**. Herança das revoluções burguesas, surge inicialmente como uma forma de retirar o caráter espiritual do crime e conduzi-lo a uma progressiva cientificação, adequando às exigências políticas da sociedade burguesa e da mudança do estado liberal clássico para o social. Assim, a ideologia da defesa social passou a fazer parte da filosofia dominante na ciência jurídica e na opinião comum.

São princípios norteadores da ideologia da defesa social:

a) **Princípio da legitimidade.** O Estado, como expressão da sociedade, está legitimado para reprimir a criminalidade, da qual são responsáveis determinados indivíduos, por meio das instâncias oficiais de controle social (legislações, polícia, magistratura, instituições penitenciárias).

b) **Princípio do bem e do mal.** O delito é um dano para a sociedade. O delinquente é um elemento negativo e disfuncional do sistema social. O desvio criminal é, pois, o mal. A sociedade, o bem.

c) **Princípio da culpabilidade.** O delito é expressão de uma atitude interior reprovável, porque contraria os valores e as normas presentes na sociedade mesmo antes de serem sancionadas pelo legislador.

d) **Princípio da finalidade ou da prevenção.** A pena possui a função de punir, como retribuição pelo mal causado, mas também de ressocializar. **A sanção abstrata prevista pela lei tem a função de criar uma justa e adequada contramotivação ao comportamento criminoso.**

e) **Princípio da igualdade.** A criminalidade é violação da lei penal e, como tal, é o comportamento de uma minoria desviante. A lei penal é igual para todos. A reação penal se aplica de modo igual aos autores de delitos.

f) **Princípio do interesse social e do delito natural.** O núcleo central dos delitos definidos nos códigos penais nas nações civilizadas representa ofensa de interesses fundamentais, de condições essenciais à existência de toda sociedade. Os interesses protegidos pelo direito penal são interesses comuns de todos os cidadãos.

Dos princípios citados, o único que pode sofrer uma mudança de interpretação a depender da escola criminológica que faça sua leitura é o princípio da culpabilidade. Partindo da premissa da escola clássica, este princípio ganha um significado moral-normativo (desvalor, condenação moral). Partindo da premissa positivista, este ganha um significado sociopsicológico (revelador de periculosidade social). O conceito de defesa social parece condensar em seus princípios a evolução do saber criminológico e das ciências penais modernas.

Enrico Ferri realizou uma abordagem jurídica da ideologia da defesa social, trabalhando a ideia de responsabilidade do Estado de defender-se em uma circunstância objetiva – o indivíduo é uma célula integrante do organismo social.

Assim como em outros estudos da criminologia, a ideologia da defesa social é abordada sob diferentes aspectos pelos diversos autores que a teorizam.

A **vertente mais radical**, conhecida como direção de Génova possui como principal defensor **Felippo Gramatica**, propõe uma mudança de percepção do direito penal, antes voltado para uma responsabilidade penal objetiva, baseada no dano causado, agora voltado para uma responsabilidade penal subjetiva, baseada no indivíduo (**antissocialidade subjetiva do sujeito**).

Essa mudança de percepção produz diversos efeitos importantes, que são consequência da sua estruturação dogmática a partir das ideias de defesa social.

Para Felippo Gramatica, o Estado deveria agir de forma interventiva na estrutura **biopsíquica da personalidade**, devendo agir de forma preventiva e não de forma repressiva: "Os cárceres são inúteis e prejudiciais, devendo ser abolidos. As penas devem ser substituídas por medidas educativas e curativas. A medida de defesa social deve ser dosada, não na base do dano, mas segundo a personalidade" (GRAMATICA, 1974).

Adota uma visão terapêutica e pedagógica da pena, não mais uma pena para cada delito, mas uma medida para cada pessoa (GRAMATICA, 1974, p. 29).

Podemos então, de forma sintática, afirmar que o procedimento de defesa social de Felippo Gramatica, seria instrumentalizado para concretizar dois conceitos fundamentais da defesa social: finalidade de melhora individual (e não castigo); valoração do homem (e não mero juízo do fato) (VIANA, 2018, p. 107).

As ideias de defesa social tiveram um segundo momento de destaque nos estudos criminológicos na década de 1950, com **Marc Ancel**, que defendeu uma defesa social menos radical do que a defendida por Felippo Gramatica, conhecida como a **nova defesa social**.

Volta-se, não mais exclusivamente para a defesa da sociedade, mas para o tratamento do delinquente e para a prevenção. A defesa da sociedade perde o protagonismo e as medidas estatais passam a focar no indivíduo, para quem praticou um delito não volte a praticá-lo. "O principal objetivo da Defesa Social é considerar o objetivo da luta contra o crime, não mais a expiação ou repressão punitiva, mas a prevenção da delinquência e a recuperação do delinquente em um contexto de harmonização social" (VIANA, 2018, p. 109).

Podemos elencar os principais pontos da nova defesa social, defendida por Marc Ancel: (1) o crime é um fato social e humano; nem tudo termina quando há a definição legal e a previsão de uma pena; (2) crime compreendido como fenômeno individual, isto é, a análise psicológica e sociológica que lhe deu origem para evitar o seu cometimento ou sua reiteração;

(3) interrogar sobre a atitude a se tomar contra o autor do fato delituoso, ao lado da mera qualificação jurídica.

2.8 Teorias psicanalíticas da criminalidade e da sociedade punitiva. Negação ao princípio da legitimidade

2.8.1 Introdução

As teorias psicanalíticas, desenvolvidas um pouco antes do apogeu das teorias sociológicas, propôs-se a analisar o fenômeno da criminalidade a partir da neurose e das explicações freudianas para o comportamento criminoso. A psicanálise tem como objetivo a análise do homem como sujeito do inconsciente, e do seu comportamento, logo, não deixa de buscar explicações para o comportamento desviante. A partir dessa concepção, é possível reconhecer duas grandes teorias que, apesar da inter-relação, possuem suas especificidades; são elas: teorias psicanalíticas da criminalidade e da sociedade punitiva.

Antes de analisarmos as teorias, vamos tecer alguns comentários sobre os pressupostos teóricos para uma melhor compreensão.

2.8.2 Estrutura da personalidade

Essencial para uma correta compreensão das teorias psicanalíticas é a representação da personalidade dividida em três instâncias, chamadas de **Id**, **ego** e **superego**.

O **Id** representa a instância inferior, movido pelo princípio do prazer, é a parte da mente que quer gratificação imediata de todos os seus desejos e necessidades.

O **superego** é a instância superior, parte moral da nossa personalidade, corresponde à ideia vulgar de "consciência", já que atua como agência censória sobre as pulsões instintivas do Id, a punir e reprimir as atitudes. Segundo Freud, o surgimento dessa instância repressora tem tudo a ver com o complexo de Édipo. Num primeiro momento da nossa infância, quando esse complexo está a todo vapor, nossos impulsos são contidos pela autoridade dos pais, que estão sempre alternando suas provas de amor com advertências e punições – a menininha acha graça em jogar o iogurte no chão, e lá vem uma reprimenda para acabar com a alegria. Quando, então, a criança supera o complexo de Édipo – e seu universo passa a se estender para além da relação com os pais –, essas proibições são internalizadas.

Por fim, o **ego** é a instância intermediária. Atua como mediador entre os impulsos do Id e a censura do superego, estabelecendo uma harmonia entre a impulsividade do Id e as regras sociais.

2.8.3 Teorias psicanalíticas da criminalidade

Segundo Freud, citado por Alessandro Baratta (2002, p. 50), a repressão de instintos delituosos pela ação do superego não destrói estes instintos, mas deixa que estes se sedimentem no inconsciente. Esses instintos são acompanhados, no inconsciente, por um sentimento de culpa, uma tendência a confessar. Precisamente com o comportamento delituoso, o indivíduo supera o sentimento de culpa e realiza a tendência a confessar.

Em razão da análise feita por Freud, a teoria psicanalítica do comportamento criminoso representa uma radical negação do tradicional conceito de culpabilidade e, portanto, também de todo direito penal baseado no princípio de culpabilidade.

2.8.4 Teorias psicanalíticas da sociedade punitiva

Ante a verificação de que a pena é anterior ao crime, as teorias psicanalíticas da sociedade punitiva buscaram revelar as razões e a estrutura social que induzem a sociedade a infligir pena àqueles que praticam um comportamento desviante, pelo que, mais do que enfocar no agente que comete o delito, é a própria sociedade que deveria se tornar objeto de estudo (DIAS; ANDRADE, 1997, p. 187).

Outro ponto característico é que as teorias psicanalíticas da sociedade punitiva colocam em dúvida também o princípio de legitimidade. Assim, a reação penal ao comportamento delituoso não tem a função de eliminar ou circunscrever a criminalidade, mas corresponde a mecanismos psicológicos em face dos quais o desvio criminalizado aparece como necessário e inelimitável da sociedade.

Freud ainda estabelece a distinção entre neurose e tabu. A neurose é uma doença individual, já o tabu é uma formação social.

O tabu nasceu nos tempos primitivos, ou seja, uma era envolta em magias e religiosidade, todos os fenômenos naturais maléficos eram oriundos das forças divinas encolerizadas pelos fatos que exigiam reparação. Desse modo, no intuito de amenizar a ira dos "deuses", foram criadas as proibições (religiosas, sociais e políticas), ou seja, o tabu.

A infração totêmica, ou a desobediência tabu, conduziu a coletividade à punição do infrator, gerando, assim, o que modernamente denominamos "crime" e "pena", implicando no sacrifício da vida do agressor, ou em oferendas de objetos valiosos (animais, peles e frutas) às divindades.

Então, originalmente, a pena implica em vingança, no revide à agressão, transgressão sofrida, desproporcionada com a ofensa e aplicada sem preocupação da justiça. O primitivo temia atrair sobre si, violando o tabu, uma grave pena, uma doença ou mesmo, a morte. O doente, contrariamente a isso, vincula a proibição o temor de uma pena para um de seus parentes, pessoas queridas, não necessariamente sobre si.

Quando da violação de um tabu, a punição ocorre de modo espontâneo; é apenas uma forma secundária de pena a que se realiza com a intervenção do grupo social, ou seja, a punição do grupo se realiza de forma subsidiária à punição espontânea, de maneira que todos os componentes do grupo se sentem ameaçados pela violação do tabu e por isso se antecipam na punição do violador.

Esses mecanismos primitivos são explicados por Freud através da tentação de imitar aquele que violou o tabu, liberando de outra maneira os instintos reprimidos. Esta tentação mimética corresponde à representação da capacidade contaminadora do tabu, de modo que a reação punitiva pressupõe a presença nos membros do grupo, de impulsos semelhantes ao proibido (BARATTA, 2002, p. 51).

Partindo dessas premissas, diversos autores teorizam sobre as teorias psicanalíticas. **Theodor Reik** funda uma teoria psicanalítica do direito penal, tomando por base a dupla função da pena, ou seja, a pena serve de satisfação da necessidade inconsciente de punição que impele a uma ação proibida e a segunda que traz a pena como uma satisfação também das necessidades de punição da sociedade, por intermédio de uma identificação inconsciente com o delinquente. A teoria psicanalítica da finalidade da pena é desenvolvida posteriormente por **Franz Alexander** e **Hugo Staub**, que põem em relevo o mecanismo sociopsicológico através do qual a pena infligida a quem delinque vem contrabalancear a pressão dos impulsos reprimidos, que o exemplo de sua aplicação no delinquente torna visível, representando um reforço para o superego.

A contribuição dada por ambos se dá primeiramente pela transposição do princípio trazido por Freud, ou seja, transforma-se numa característica psicológica geral do mundo dos delinquentes e das pessoas que incorporam o mundo do sistema penal, estabelecendo entre essas pessoas uma afinidade que geralmente se apresenta como pelas fortes tendências antissociais não suficientemente reprimidas, impedindo as pessoas pertencentes ao segundo grupo um zeloso exercício da função punitiva.

Há uma transposição do referencial, sai da sociedade punitiva, em sentido estrito e passa a ser uma reação institucionalizada individualizando nas pessoas que estão ao seu serviço, como os juízes, policiais, segurancas etc. A visão acerca da pena não é restrita a identificação da sociedade com o delinquente e da correlação reforçada do superego, mas do ponto de vista da identificação com um sujeito individual com a sociedade punitiva e com os órgãos de reação penal, da falta de resolução por intermédio das inibições do comportamento antissocial, levando, assim, a identificação do sujeito com os atos da sociedade punitiva.

A pena adquire um significado de recompensa pela renúncia ao sadismo de maneira que essa identificação conduz à diminuição da quantidade de agressões para inibir, favorecida pelo caráter ritual e espetacular dos procedimentos judiciários. Eles partem da representação ideal de uma justiça racional, que atua sem os conceitos de expiação, de retribuição que não serve à agressão dissimulada de agressões em massa. Para se alcançar, não basta que o homem tenha equilíbrio do ego sobre a vida afetiva, mas que a tendenciosa agressividade das massas alcance uma eliminação ampla através da sublimação.

Resumo

	História da criminologia (nascimento da criminologia)
Evolução histórica da criminologia. Criminologia pré-científica (precursores). Criminologia científica	Para muitos autores, a criminologia, como ciência, nasce com a publicação da obra *L'Uomo Delinquente*, de Lombroso (1876), mas há autores que atribuem o nascimento da Criminologia a Cesare Beccaria, em sua obra *Dei Delitti e Delle Pene* (1764), traduzido e publicado no Brasil como *Dos delitos e das penas*. O período **pré-científico** abrange desde a Antiguidade, onde encontramos diversos textos esparsos de alguns autores que já demonstravam preocupação com o crime, terminando com o surgimento do trabalho de Beccaria ou de Lombroso. Isso porque a doutrina diverge sobre qual dos trabalhos importou, efetivamente, no início do período científico. Precursores da criminologia (SHECAIRA, 2019): O **código de Hamurabi** dispõe que a pena dos ricos deve ser mais severa que a dos pobres. **Hipócrates**, pai da medicina, afirmou que a fisionomia é fonte para julgamento do caráter ou temperamento de pacientes, no que foi precursor de uma série de autores que afirmavam que aspectos da fisionomia ou fisiologia humana poderiam determinar seu caráter, seu comportamento social, e até mesmo a propensão ao cometimento de crimes. **Também houve autores que basearam a formação teórica da Escola Clássica:** Hugo Grócio (defensor do direito natural, ou jusnaturalismo, linha de pensamento que defendeu que as leis deveriam seguir os ditames da racionalidade universal); Rousseau (expoente do contratualismo); John Howard (denunciou o estado miserável dos presos na Inglaterra – 1777); Jeremy Bentham (expoente do utilitarismo e defensor de um tipo ideal de presídio chamado Panóptico).

Evolução histórica da criminologia. Criminologia pré-científica (precursores). Criminologia científica	**Adolphe Quetelet** – expoente da Escola Cartográfica – utilizou-se das pesquisas censitárias de seus país (Bélgica) para desenvolver uma teoria criminológica de cariz sociológico baseada em estudos estatísticos, concluindo que os delinquentes se limitavam a executar os fatos preparados pela sociedade, em decorrência dos estados econômicos e sociais do momento. Vistos os precursores, vale lembrar que a criminologia só surgiria com o advento do período científico. Podemos, então, afirmar resumidamente que o debate se concentra em duas afirmações básicas: **a criminologia nasce com a escola clássica** (Beccaria, Carrara e outros), que se destacam por basear suas ideias exclusivamente na razão iluminista, com enfoque no crime; **a criminologia inicia com a escola positivista italiana** (Lombroso, Garofalo e Ferri), que se destaca pelo uso da experimentação racional (métodos empíricos), com enfoque no criminoso.
O iluminismo e as primeiras escolas sociológicas	Superação dos fundamentos teístas, ligados a religião. Adoção de racionalidade (culto à razão). Influência das ciências naturais. A **escola clássica** enraíza suas ideias exclusivamente na razão iluminista e a **escola positivista**, na exacerbação da razão confirmada por meio da experimentação. Como destaca Nestor Sampaio Filho (2020), "O apogeu do Iluminismo deu-se na Revolução Francesa, com o pensamento liberal e humanista de seus expoentes, dentre os quais se destacam Voltaire, Montesquieu e Rousseau, que teceram inúmeras críticas à legislação criminal que vigorava na Europa em meados do século XVIII, aduzindo a necessidade de individualização da pena, de redução das penas cruéis, de proporcionalidade etc.". Ressalto: **ambas as escolas sofreram influências do individualismo, do culto à razão e de suas transformações sociais.**

História da criminologia (nascimento da criminologia)	
A escola clássica	Expoentes: **Cesare Bonesana, Marquês de Beccaria**, com seu livro *Dos Delitos e Das Penas* (1764). **Francesco Carrara**, que também sintetizou os pensamentos da Escola Clássica, defendendo que "**o crime não é um ente de fato, é um ente jurídico; não é uma ação, é uma infração**". Em uma apertada síntese, os **princípios fundamentais** da escola clássica são (Filho, 2020): a) O crime é um ente jurídico; não é uma ação, mas sim uma infração (Carrara); b) A punibilidade deve ser baseada no livre-arbítrio; c) A pena deve ter nítido caráter de retribuição pela culpa moral do delinquente (maldade), de modo a prevenir o delito com certeza, rapidez e severidade e a restaurar a ordem externa social; d) Método e raciocínio lógico-dedutivo.
A escola positivista	Expoentes: Cesare Lombroso, em sua obra *O Homem Delinquente* (1876), que é um relatório do exame sistemático de muitos criminosos (muitos deles classificados como loucos e anormais), expondo uma série de observações e conclusões sobre seus comportamentos, vícios, feições, estruturas físicas e habilidades. O sucessor de Lombroso foi **Enrico Ferri**, contudo este detinha uma "compreensão mais larga da criminalidade, evitando o reducionismo antropológico", reconhecendo que a complexidade do fenômeno da criminalidade decorria também de fatores físicos e sociais, sendo que estes preponderariam sobre os demais. Terceiro autor central para as ideias do positivismo italiano é **Raffaele Garofalo**. Defendeu que o crime está no indivíduo, sendo a revelação de sua natureza degenerada. Desenvolveu o conceito de **temebilidade ou de periculosidade**, que pode ser resumida como a **probabilidade e a potencialidade do mal voltar a ser praticado pelo criminoso condenado, fazendo necessária**

A escola positivista	aplicação de uma medida de segurança, que buscaria erradicar a inadaptabilidade do indivíduo à vida em sociedade – sendo que esse tratamento deveria durar o tempo que fosse necessário. Pode-se afirmar, portanto, que a escola positivista teve três fases: **antropológica (Lombroso), sociológica (Ferri) e jurídica (Garofalo)**.
Escola sociológica alemã ou escola de política criminal ou moderna alemã	**Escola Sociológica alemã** (também conhecida como escola de Marburgo, escola moderna, nova escola ou escola de política criminal), **posicionava-se a favor da investigação sociológica e da utilização de seus conhecimentos para o enfrentamento da criminalidade** (VIANA, 2018). Von Lizst ampliou na conceituação das ciências penais a criminologia (com a explicação das causas do delito) e a penologia (causas e efeitos da pena). Os **postulados** da escola de política criminal foram (SAMPAIO FILHO, 2020): a) o método indutivo-experimental para a criminologia; b) a distinção entre imputáveis e inimputáveis (pena para os normais e medida de segurança para os perigosos); c) o crime como fenômeno humano-social e como fato jurídico; d) a função finalística da pena – prevenção especial; e) a eliminação ou substituição das penas privativas de liberdade de curta duração.
Terza scuola (escola conciliadora das escolas anteriores)	**Depois do surgimento das escolas clássica e positiva, apareceram outras correntes que procuraram conciliar seus preceitos.** Dentre essas teorias ecléticas ou intermediárias, reuniram-se penalistas orientados por novas ideias, mas sem romper definitivamente com as orientações clássicas ou positivistas. ■ A primeira dessas correntes ecléticas surgiu com a *terza scuola* italiana, também conhecida como **escola crítica**.

História da criminologia (nascimento da criminologia) 57

Terza scuola (escola conciliadora das escolas anteriores)

- A *terza scuola* acolhe o princípio da responsabilidade moral e a consequente distinção entre imputáveis e inimputáveis, **mas não aceita que a responsabilidade moral se fundamente no livre-arbítrio**, substituindo-o pelo **determinismo psicológico**: o homem é determinado pelo motivo mais forte, sendo imputável quem tiver capacidade de se deixar levar pelos motivos.

O crime, para esta escola, é concebido como um fenômeno social e individual, condicionado, porém, pelos fatores apontados por Ferri. O fim da pena é a defesa social, embora sem perder seu caráter aflitivo, e é de natureza absolutamente distinta da medida de segurança.

A *terza scuola* fixou os seguintes postulados criminológicos (Filho, 2020):

a) distinção entre imputáveis e inimputáveis;
b) responsabilidade moral baseada no determinismo (quem não tiver a capacidade de se levar pelos motivos deverá receber uma medida de segurança);
c) crime como fenômeno social e individual;
d) pena com caráter aflitivo, cuja finalidade é a defesa social.

A ideologia da defesa social

Herança das revoluções burguesas, surge inicialmente como uma forma de retirar o caráter espiritual do crime e conduzi-lo a uma progressiva cientificação, adequando às exigências políticas da sociedade burguesa e da mudança do estado liberal clássico para o social. Assim, a ideologia da defesa social passou a fazer parte da filosofia dominante na ciência jurídica e na opinião comum.

São princípios norteadores da ideologia da defesa social:

a) princípio da legitimidade;
b) princípio do bem e do mal;
c) princípio da culpabilidade;
d) princípio da finalidade ou da prevenção;

A ideologia da defesa social

e) princípio da igualdade;
f) princípio do interesse social e do delito natural.

A **vertente mais radical**, conhecida como direção de Génova possui como principal defensor **Felippo Gramatica**, que propõe uma mudança de percepção do direito penal, antes voltado para uma responsabilidade penal objetiva, baseada no dano causado, agora voltado para uma responsabilidade penal subjetiva, baseada no indivíduo (**antissocialidade subjetiva do sujeito**).

Para Felippo Gramatica, o Estado deveria agir de forma interventiva na estrutura **biopsíquica da personalidade**, devendo agir de forma preventiva e não de forma repressiva: "Os cárceres são inúteis e prejudiciais, devendo ser abolidos. As penas devem ser substituídas por medidas educativas e curativas. A medida de defesa social deve ser dosada, não na base do dano, mas segundo a personalidade" (GRAMATICA, 1974). Adota uma visão terapêutica e pedagógica da pena, não mais uma pena para cada delito, mas uma medida para cada pessoa (GRAMATICA, 1974, p. 29).

As ideias de defesa social tiveram um segundo momento de destaque nos estudos criminológicos na década de 1950, com **Marc Ancel**, que defendeu uma defesa social menos radical do que a defendida por Felippo Gramatica, conhecida como a **nova defesa social**.

Podemos elencar os principais pontos da nova defesa social, defendida por Marc Ancel: (1) o crime é um fato social e humano; nem tudo termina quando há a definição legal e a previsão de uma pena: (2) crime compreendido como fenômeno individual, isto é, a análise psicológica e sociológica que lhe deu origem para evitar o seu cometimento ou sua reiteração; (3) interrogar sobre a atitude a se tomar contra o autor do fato delituoso, ao lado da mera qualificação jurídica.

História da criminologia (nascimento da criminologia)

Teorias psicanalíticas da criminalidade e da sociedade punitiva. Negação ao princípio da legitimidade	As teorias psicanalíticas, desenvolvidas um pouco antes do apogeu das teorias sociológicas, procuram analisar o fenômeno da criminalidade a partir da neurose e das explicações freudianas para o comportamento criminoso. Segundo Freud, citado por Alessandro Baratta (2002, p. 50), a repressão de instintos delituosos pela ação do superego não destrói estes instintos, mas deixa que eles se sedimentem no inconsciente. Esses instintos são acompanhados, no inconsciente, por um sentimento de culpa, uma tendência a confessar. Precisamente com o comportamento delituoso, o indivíduo supera o sentimento de culpa e realiza a tendência a confessar. Freud ainda estabelece a distinção entre neurose e tabu. A neurose é uma doença individual, já o tabu é uma formação social. A infração totêmica, ou a desobediência tabu, conduziu a coletividade à punição do infrator, gerando, assim, o que modernamente denominamos "crime" e "pena", implicando no sacrifício da vida do agressor, ou em oferendas de objetos valiosos (animais, peles e frutas) às divindades. Então, originalmente, a pena implica em vingança, no revide à agressão, transgressão sofrida, desproporcionada com a ofensa e aplicada sem preocupação da justiça. O primitivo temia atrair sobre si, violando o tabu, uma grave pena, uma doença ou mesmo, a morte. O doente, contrariamente a isso, vincula a proibição ao temor de uma pena para um de seus parentes, pessoas queridas, não necessariamente sobre si. Quando da violação de um tabu, a punição ocorre de modo espontâneo; é apenas uma forma secundária de pena a que se realiza com a intervenção do grupo social, ou seja, a punição do grupo se realiza de forma subsidiária à punição espontânea, de maneira que todos os componentes do grupo se sentem ameaçados pela violação do tabu e por isso se antecipam na punição do violador.

Teorias psicanalíticas da criminalidade e da sociedade punitiva. Negação ao princípio da legitimidade

Esses mecanismos primitivos são explicados por Freud através da tentação de imitar aquele que violou o tabu, liberando de outra maneira os instintos reprimidos. Esta tentação mimética corresponde à representação da capacidade contaminadora do tabu, de modo que a reação punitiva pressupõe a presença, nos membros do grupo, de impulsos semelhantes ao proibido (BARATTA, 2002, p. 51).

A pena adquire um significado de recompensa pela renúncia ao sadismo de maneira que essa identificação conduz à diminuição da quantidade de agressões para inibir, favorecida pelo caráter ritual e espetacular dos procedimentos judiciários. Eles partem da representação ideal de uma justiça racional, que atua sem os conceitos de expiação, de retribuição que não serve à agressão dissimulada de agressões em massa. Para se alcançar, não basta que o homem tenha equilíbrio do ego sobre a vida afetiva, mas que a tendenciosa agressividade das massas alcance uma eliminação ampla através da sublimação.

3

Sociologia criminal – As escolas sociológicas do crime

3.1 Criminologia do consenso e do conflito

As teorias que vamos analisar situam-se dentro de uma perspectiva macrocriminológica, isto é, uma perspectiva sociológica. Importante destacar a classificação sobre as próximas escolas e teorias que serão estudadas adiante, seguindo um critério científico e pedagógico. Assim, a doutrina afirma que pensamento criminológico é influenciado por suas principais visões macrossociológicas: a teoria do consenso e a teoria do conflito.

3.1.1 Teoria do consenso

A teoria do consenso ou teoria da integração (SHECAIRA, 2014, p. 128) – que tem corte funcionalista – tem como pressuposto que a sociedade tem por finalidade obter um funcionamento perfeito de suas instituições, de modo que os indivíduos obedeçam às regras sociais – isso porque a sociedade é formada por uma associação voluntária, onde os indivíduos partilham valores semelhantes, e, portanto, buscam a cooperação.

A teoria do consenso possui algumas premissas basilares:

- a sociedade seria um conjunto estrutural relativamente persistente e estável;
- a sociedade é uma estrutura de elementos bem integrada;
- todo elemento de uma sociedade tem uma função, isto é, contribui para sua manutenção como sistema;
- toda estrutura social em funcionamento é baseada em um consenso entre seus membros sobre valores.

Segundo Eduardo Viana (2018, p. 210), "A ideia de uma Criminologia do consenso parte da 'existência de uma constelação de valores fundamentais, comuns a todos os membros da sociedade, em que a ordem social se baseia e por cuja promoção se orienta. São tais valores que definem a identidade do 'sistema' e asseguram, em última instância, a coesão social. A sociedade concebida em termos de se excluir a hipótese de conflito estruturalmente gerado. (...) O poder (...) é exercido em nome, no interesse e com o apoio de todos'". Em síntese, "A sociedade se mantém, graças ao consenso de todos os membros acerca de determinados valores comuns (...) um é paraíso na terra". Nesse quadro, ajustam-se as teorias esculpidas pela escola de Chicago, anomia e associação diferencial".

Podem ser classificadas como teorias do consenso a escola de Chicago, teoria da associação diferencial, teoria da anomia e a teoria da subcultura delinquente. Essas teorias possuem um ponto em comum, que é a crença de que o conjunto de normas regedoras da sociedade decorrem de um consenso social. O crime rompe com a paz/consenso, e a intervenção do Estado, por sua vez, teria como finalidade restabelecê-los. Logo, a criminalidade existe quando o consenso deixa de existir.

3.1.2 Teorias do conflito

As teorias do conflito, por sua vez, afirmam que a ordem social se estabelece pela força e pela coerção[1], numa relação de dominação, onde muitas vezes os reclamos pelas mudanças são encarados de forma negativa, quando, na verdade, são as formas pelas quais uma sociedade evolui, avança.

Considerando as legislações penais mais antigas, nota-se, por exemplo, que havia a criminalização da prática da capoeiragem e, ao analisar tal prática, percebe-se que a norma penal é criada de forma direcionada a determinado grupo social. Este, por sua vez, sob o argumento da prática de crime, sofrerá uma segregação. A partir deste contexto, desenvolveu-se um pensamento crítico, que trabalha a criminalidade sob a forma de como ela estará posta. Por exemplo, não adianta raciocinar que a sonegação fiscal é crime, que a lavagem de capitais é crime, quando se sabe que, na prática, tais figuras não geram o encarceramento.

Daí surge o contraponto à relativa persistência e estabilidade da sociedade, uma vez que esta deveria ser tida como algo flexível, mutável, na medida em que o conflito é inexorável. Interessa ainda notar que até mesmo o crime tem um papel nesse **devir** por trazer conflito dentro da sociedade, o que, em alguma medida, pode ser encarado a semente de uma mudança.

---

[1]. Excertos do livro de Paulo Nader (*Filosofia do direito*. 19. ed. Rio de Janeiro: Forense, p. 93): "Enquanto a coação é a força em ato, a coercibilidade é em potência. Tal distinção é básica, pois se a coação se manifesta apenas eventualmente, a coercibilidade é um estado permanente da ordem jurídica. (...) Uma parte do ordenamento jurídico, além de definir a conduta exigida, prevê sanções de diferentes tipos aos seus infratores. A sanção jurídica não se confunde com a coação. Esta é força, enquanto aquela é apenas determinação de penalidade, que pode ser aceita espontaneamente ou não pelos destinatários. Ocorrendo esta última circunstância, o aparato coativo do estado deverá ser acionado". Assim, o direito é fato social coercitivo (obrigatório) que pode se valer da coação (força) para se afirmar.

Como bem sintetiza Eduardo Viana (2018, p. 210-211):

> Para a criminologia do conflito, a coesão e a ordem são fundadas na força; toda sociedade se mantém graças à coação que alguns de seus membros exercem sobre os outros. Em linhas gerais, este sistema conflitual determina, em sede de direito penal, um planejamento de produção de normas (criminalização primária) voltado para assegurar o triunfo da classe dominadora. A histórica preferência da programação criminalizante pelas classes inferiores seria uma comprovação da essência conflitual, a exemplo do que postulam os teóricos da reação social (ou crítica).

Uma observação importante (SHECAIRA, 2014, p. 131) deve ser feita:

> Muitas vezes as teorias do consenso são associadas ao conservadorismo, enquanto as teorias do conflito nos remetem a uma ideia de mudança social. Isso não é absoluto. O movimento nazista, assim como outras perspectivas totalitárias – ao contrário de ditaduras autoritárias e não menos obscurantistas – baseava-se em uma postura conflitiva de luta de raças e, nesse contexto, defensores do positivismo acabaram por exercer uma postura defensista dos valores humanos consagrados.

Podem ser classificados como teorias do conflito a **teoria do *labelling approach*** (ou interacionista ou da rotulação social) e a **teoria crítica**. Percebam que apenas duas teorias são consideradas teorias do conflito, o que facilita a memorização.

Em resumo:

Conceito	Teorias que fazem parte da chamada virada sociológica. Tentam explicar o crime através de fatores alheios às questões biológicas; não têm paradigmas etiológicos baseados na patologia individual.
Teoria do consenso	Parte da ideia de um conjunto de valores e ideais comuns a todos os membros da sociedade, que baseia e fundamenta a ordem social.
Teoria do conflito	A coesão se funda na coação que alguns membros exercem sobre os outros. Com isto se determina, por meio de normas penais, a criação de dispositivos que assegurem tal ordem e, por conseguinte, o triunfo da classe dominante.

3.2 Escola de Chicago e ecologia criminal

É considerada uma teoria do consenso, isso porque parte do pressuposto de que a sociedade é formada por uma associação voluntária, onde os indivíduos partilham valores semelhantes, e, portanto, buscam a cooperação.

A Universidade de Chicago, donde exsurge a escola de Chicago, foi uma das principais instituições dos Estados Unidos no sentido de secularizar o ensino da sociologia e de aproximar pessoas comuns da elite intelectual.

Ela desenvolveu importantes trabalhos de ciências humanas com estudos dos movimentos sociais mais relevantes do período (1890-1950), análise de grupos sociais, seitas, comportamentos patológicos ligados à urbe, criminalidade e crime.

Por outro lado, a cidade de Chicago foi uma das cidades norte-americanas que experimentaram um rápido crescimento econômico, e, concomitantemente, populacional.

Em 1840, Chicago tinha 4.470 habitantes, alcançando 500.000 em 1880, e mais de 1 milhão em 1900, sendo esse crescimento gerado principalmente pela migração, regra geral, de estrangeiros em busca de trabalho. Essa explosão demográfica foi acompanhada por um crescimento urbano desordenado, cunhada com graves problemas, não só urbanísticos, mas também familiares, trabalhistas, morais e culturais.

Nesse contexto, **a escola de Chicago criou a teoria da ecologia criminal ou teoria da desorganização social**, cotejando esses fatores, e, em que medidas teriam algum efeito criminógeno. Para a doutrina, a escola de Chicago representa o início da criminologia norte-americana moderna:

> Pode-se dizer que a criminologia americana, como tal, se iniciou nas décadas de 20 e 30, à sombra da Universidade de Chicago, com a **teoria ecológica** e os múltiplos trabalhos empíricos que inspirou. Na linha da obra pioneira de Robert Park e Ernest Burguess (de ambos os autores, *Introduction to the Science of Sociology*, 1921, e *The City*, 1925) em sede de sociologia, a escola criminológica de Chicago encarou o crime como fenômeno ligado a uma **área natural**. (Grifos nossos.)

Os métodos escolhidos foram, em grande medida, inspirados pela Escola Cartográfica e Positiva, com a utilização do inquérito social, onde se destaca a estatística, e o estudo biográfico de casos individuais, ambos já comentados anteriormente. Afinal, "**Não há política criminal séria (seja ela preventiva ou repressiva) sem que se tenha um verdadeiro domínio da realidade sobre a qual se vai intervir**" (SHECAIRA, 2014 – grifos nossos).

Nisto, esta escola foi seguida por todos os que seguem adiante no estudo da criminologia. Inclusive, essa foi inspiração para, no Brasil, termos o chamado "Mapa de Risco da Violência", que é o estudo da violência da cidade, sendo esta dividida em bairros distribuídos em um mapa, e nele inseridos indicadores que levam em consideração o número de homicídios e a nota socioeconômica[2].

A segunda premissa está em conceitos pressupostos da escola de Chicago, que são: **a cidade; as divisões desta em zonas; os efeitos da integração à cidade (urbanidade) no indivíduo; a multidão**. Tudo isso tendo em mente a já exposta realidade da cidade de Chicago, que é o contexto pesquisado por essa escola.

a) **A cidade**

Considerada muito mais que o mero agrupamento de indivíduos que compartilham estruturas e serviços (ruas, praças, linhas de ônibus e metrô, escolas, hospitais, delegacias de polícia, teatros etc.), é um estado de espírito, a formação de um corpo moral e cultural, associado também à ideia de cidadania, que representa uma predisposição individual em sacrificar o próprio interesse em favor do coletivo (não é possível viver em cidade sem a superação parcial do egoísmo).

b) **Divisão da cidade em zonas**

Por outro lado, com o crescimento da cidade, esta passa a ser dividida em diferentes bairros, zonas, que são como se cidades dentro da cidade, diferenciando-se não só pela infraestrutura, mas também culturalmente. Essa repartição é marcante na escola de Chicago, uma vez que, com base nela é que se estabelecem seus conceitos fundamentais, tanto é assim que afirmaram

---

[2] Nota socioeconômica é um valor (que varia de 0 a 10) proporcional à qualidade de vida experimentada pelos habitantes de determinado bairro de uma cidade.

que a cidade de Chicago era como formada por cinco grandes zonas divididas em círculos concêntricos, indo do centro (*Loop*) até as quatros zonas periféricas, sendo dotadas de características específicas, inclusive por índices de criminalidade distintos.

No mais central desses anéis, estava o *Loop*, zona comercial com os seus grandes bancos, armazéns, lojas de departamento, a administração da cidade, fábricas, estações ferroviárias etc. A segunda zona, chamada de zona de transição, situa-se exatamente entre zonas residenciais (3ª zona) e a anterior (1ª zona), que concentra o comércio e a indústria. Como zona intersticial, está sujeita à invasão do crescimento da zona anterior e, por isso, é objeto de degradação constante (SHECAIRA, 2014).

Assim, a 2ª zona favorece a criação de guetos; a 3ª zona mostra-se como lugar de moradia de trabalhadores pobres e imigrantes; a 4ª zona destina-se aos conjuntos habitacionais da classe média; e a 5ª zona compõe-se da mais alta camada social.

Teoria das zonas concêntricas:

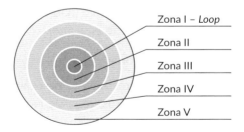

Fonte: adaptada de Filho (2018).

É preciso observar que essa divisão existe também por outro motivo: muitos indivíduos se estabelecem na cidade em locais onde se identificam moral e culturalmente, como forma de proteção e afirmação da individualidade (ex.: bairro chinês, bairro italiano, zona de prostituição, zona de usuários de drogas etc.).

c) **Urbanidade**

Outro aspecto interessante é o efeito causado pela integração do indivíduo à cidade. Ora, nem todas as pessoas que decidem morar em uma cidade conseguem se adequar perfeitamente: preconceito (em especial com estrangeiros), a luta por um emprego melhor (sendo os primeiros encontrados, regra geral, de pior qualidade e remuneração), a luta por uma moradia melhor (na cidade de Chicago, em especial, a maioria da pessoas que chegavam para nela morar só encontravam, a princípio, o que podemos classificar como uma espécie de cortiço), o ritmo acelerado, a competição, a violência e o anonimato.

Outro fator em especial que deve ser levado em consideração é a perda das raízes socioculturais, principalmente em relação aos estrangeiros, que passavam a ter de lidar com uma nova realidade, novos costumes, nova língua. Tudo isso é marcado pela perda de um aspecto importante para a vida em sociedade: o espírito de vizinhança.

Essa adaptação não é fácil, e serviu como justificativa para muitos autores afirmarem que essa seria uma das causas para o índice de doenças mentais serem mais frequentes nas cidades que em comunidades rurais.

d) **A multidão**

Por fim, mas não menos importante, é a noção da multidão. Pois bem, no seio da multidão, o indivíduo pode desfrutar (ou sofrer) os efeitos do anonimato – em cidades grandes é impossível que todos se conheçam, mas apenas convivam, ignorando as individualidades alheias, o que é acentuado pela fluidez da cidade, mas, acima de tudo, mobilidade social (possibilidade das pessoas mudarem de emprego, de residência, de *status* social – decadência e ascensão do indivíduo). Isso reduz ou anula a possibilidade de haver um vínculo moral entre as pessoas, e, novamente, do espírito de vizinhança.

Noutro viés, os estudiosos da escola de Chicago adotaram conceitos da psicologia de massas: o indivíduo na multidão passa a ter um comportamento diferente do que se estivesse sozinho – suas individualidades são superadas pelo estado de espírito da multidão (alma coletiva), sendo que passa a transferir a responsabilidade de seus atos para o chefe da multidão, e não para si, semelhantemente ao que uma criança faz com os pais.

Tendo esses conceitos e premissas em mente, podemos estudar a teoria da ecologia criminal. Essa teoria se assenta em dois conceitos básicos: **desorganização social** e **áreas de delinquência**.

A **desorganização social** é a situação que as pessoas enfrentam quando recém instalam-se em uma cidade. Normalmente isso ocorre em áreas periféricas, e são dotadas de duas características: ausência de vínculos com as pessoas, quer dizer, ausência de espírito de vizinhança e da noção de pertencimento; ausência do Estado (inexistência de escolas, hospitais, delegacias de polícia, transporte coletivo, atividades culturais etc.).

Considerando que essa pessoa não tem vínculos morais e culturais com as pessoas ao seu redor, tem-se por enfraquecido o sistema informal de controle social. Por outro lado, a ausência do Estado gera uma sensação de anomia e desordem.

Áreas de delinquência é a constatação, decorrente de estudos estatísticos feitos pela escola de Chicago, de que algumas áreas da cidade têm uma criminalidade superior à de outras; e que essa incidência da criminalidade cresça em conformidade com a desorganização social: **degradação física, segregação econômica, étnica, racial, às doenças etc.**

Diante disso, Clifford Shaw (1969) afirmou: "A decidida concentração de casos de delinquência em determinadas área da cidade parece sugerir a probabilidade de uma estreita relação entre certos ambientes da comunidade e a formação de padrões delinquentes de comportamento".

Diante desses fatores, a escola de Chicago afirma que a forma correta de tratar, de prevenir (reduzir) a criminalidade não é pela abordagem individual (a pena sobre o condenado), mas sim através de uma macrointervenção sobre a comunidade e através dela.

Ora, se a desorganização social é um vetor criminógeno, é preciso dela tratar, o que não pode ser efetuado individualmente:

> Tratamento e prevenção, para terem sucesso, demandam amplos programas que envolvam recursos humanos junto à comunidade e que concentrem esforços dos cidadãos em todos das forças construtivas da sociedade. Isto é, instituições locais, grupos, igrejas, escolas, associações de bairro, para obviar à desorganização social precisam envidar esforços para reconstituir a solidariedade social e aproximar os homens no controle da criminalidade. (...) Devem ser criados programas comunitários que incluam a intensificação de atividades recreativas, escotismo, fóruns artesanais, viagens culturais, excursões, piqueniques, como medida de preenchimento do tempo das crianças, além da intensificação da formação sociocultural. Deve-se buscar a melhoria das condições sociais, econômicas, educacionais das crianças (em especial) para eliminar o padrão referencial desviante provido pelas cidades (SHECAIRA, 2014, p. 154-156).

Através dessas medidas, busca-se alcançar a integração dos indivíduos à comunidade que pertence, e viabilizar o desenvolvimento sociocultural, principalmente das crianças, que são mais suscetíveis às influências criminógenas, de modo que o trabalho de prevenção só seria efetivo se estas fossem realmente alcançadas pelos projetos propostos.

Propiciando essa interação entre as pessoas, elas passaram a se enxergar como comunidade, tornando-se solidários, compartilhando valores, fazendo (re)nascer o espírito de vizinhança, e, dessa forma, intensificando os mecanismos de controle informal da sociedade.

Por outro lado, os autores destacam ainda a importância da uma ordenação urbana com o fim de garantir salubridade e conforto (representando a organização social), mas também a segurança: iluminação pública; estruturas urbanísticas que permitam a permanente vigilância de todos em todos os lugares, ou na maioria dos locais da cidade; efetivo cuidado com a estética da cidade – essas são formas de dificultar ou inibir a atividade criminosa, coibindo a tendência desviante por meio de um espaço defensável. Aliás, essas medidas de recuperação do espaço urbano degradado são importantes medidas de prevenção criminal secundária.

Interessante observar que a política de **tolerância zero** ou ***law and order*** segue a vertente ecológica, porém acrescenta a esses fatores uma atividade policial de rigor tido por alguns autores (SHECAIRA, 2014) como excessivo: reprime-se pequenos delitos (ex.: pichar ruas, mendicância, jogar lixo no chão etc.) da mesma forma como se faz com os graves, repressão essa que, como regra, é destinada às pessoas pobres, marginalizadas, desajustados etc. – e isso serve apenas para acentuar a exclusão social que essas pessoas já sofrem.

Por fim, importante algumas ponderações críticas sobre essa escola.

Primeiro, do ponto de vista metodológico, tornou-se referência a ser seguida, lançando olhos sobre a criminologia de um ponto de vista sociológico e não individual (típico da escola positivista) ou abstrato (típico dos clássicos).

Segundo, temos que a escola de Chicago é dotada de certo determinismo ecológico: desorganização social é vetor criminológico. Porém, isso não explica o porquê haver crimes onde há organização social (criminoso pode cometer crime no local onde mora, ou fora dele), ou em sociedades mais estáveis ou estratificadas.

Noutro viés, essa escola ignorava o conceito de cifra negra da criminalidade, uma vez que só trabalhava com índices oficiais. Como bem cita Eduardo Viana (2018, p. 221):

> Finalmente, a última objeção é metodológica. De fato, efetivamente, ao considerar apenas as cifras oficiais, as conclusões tornam-se altamente questionáveis, eis que a atuação das agências de controle social formal é discriminatória e com alvos bem definidos; a vigilância é muito mais ostensiva em determinados bairros.

Dito isso, é preciso entender que esta corrente de pensamento não é excludente. É possível adotar ideias desta escola sem deixar de absorver as ideias das demais.

Em resumo (VIANA, 2018, p. 222):

Conceito: A principal tese para explicação do crime reside na ideia de zonas de delinquência, espaços geográficos que explicam o crime e também sua distribuição pela área. Em termos gerais, explica o crime por meio da ecologia da cidade.

Objeto e método	O objeto de investigações são as condições sociais; o método utilizado foi o empírico, com recurso a dados estatísticos. O cerne das investigações da escola foi constituir uma ecologia social da cidade, atentando-se para fatores como: zonas de trabalho e residência, distribuição de serviços, profusão de doenças, entre outras.
Representantes	Robert Park, Ernst Burgess, Clifford R. Shaw, Henry D. McKay.
Críticas	As principais críticas feitas dizem respeito à investigação. Shaw, por exemplo, preocupou-se muito mais em investigar os locais de residência dos criminosos do que onde efetivamente ocorriam os crimes. Outra crítica diz respeito à teoria das zonas concêntricas, que não representava a realidade das cidades norte-americanas. Finalmente, a utilização de dados onerais é altamente questionável, porque os sistemas de controle e vigilância são discriminatórios.

3.3 Teoria da associação diferencial

É considerada uma teoria do consenso. Considerada também uma das teorias da aprendizagem social (*social learning*). Foi iniciada por **Edwin Sutherland**[3], um dos sociólogos que mais influenciou a criminologia moderna, tendo se inspirado, em parte, nas ideias de Gabriel Tarde.

No final dos anos 1930, Sutherland cunha a expressão *white collar crimes*[4], que passa a identificar os autores de crimes diferenciados, que apresentavam pontos acentuados de dessemelhança com os criminosos chamados comuns. Dez anos mais tarde, em 1949, revê parcialmente sua teoria, chegando a uma formulação mais próxima da que conhecemos hoje (SHECAIRA, 2014, p. 187).

[3.] O nome dos autores de cada uma das escolas é cobrado em provas de concurso.
[4.] Em tradução livre: crimes do colarinho branco.

Segundo Edwin Sutherland, **a associação diferencial é o processo de aprender alguns tipos de comportamento desviante, que requer conhecimento especializado e habilidade, bem como a inclinação de tirar proveito de oportunidades para usá-las de maneira desviante.**

Tudo isso é aprendido e promovido principalmente em grupos tais como gangues urbanas ou grupos empresariais que fecham os olhos a fraudes, sonegação fiscal ou uso de informações privilegiadas no mercado de capitais (JOHNSON, 1997, p. 19).

A teoria da associação diferencial parte da ideia segundo a qual o crime não pode ser definido simplesmente como disfunção ou inadaptação das pessoas de classes menos favorecidas, não sendo ele exclusividade destas. Em certo sentido, ainda que influenciado pelo pensamento da desorganização social de William Thomas, Sutherland supera o conceito acima para falar de uma organização diferencial e da aprendizagem dos valores criminais.

A vantagem dessa teoria é que, ao contrário do positivismo, que estava centrado no perfil biológico do criminoso, tal pensamento traduz uma grande discussão dentro da perspectiva social. O homem aprende a conduta desviada e associa-se com referência nela.

Segundo Gomes e Molina (2008), a teoria da associação diferencial de Sutherland é resumida com **nove proposições**.

1. A conduta criminal se aprende, como se aprende também o comportamento virtuoso ou qualquer outra atividade: os mecanismos são idênticos em todos os casos.
2. A conduta criminal se aprende em interação com outras pessoas, mediante um processo de comunicação. Requer, pois, uma aprendizagem ativa por parte do indivíduo. Não

basta viver em um meio criminógeno, nem manifestar, é evidente, determinados traços da personalidade ou situações frequentemente associadas ao delito. Não obstante, em referido processo participam ativamente, também, os demais.

3. A parte decisiva do citado processo de aprendizagem ocorre no seio das relações mais íntimas do indivíduo com seus familiares ou com pessoas do seu meio. A influência criminógena depende do grau de intimidade do contato interpessoal.

4. A aprendizagem do comportamento criminal inclui também a das técnicas de cometimento do delito, assim como a da orientação específica das correspondentes motivações, impulsos, atitudes e da própria racionalização (justificação) da conduta delitiva.

5. A direção específica dos motivos e dos impulsos se aprende com as definições mais variadas dos preceitos legais, favoráveis ou desfavoráveis a eles. A resposta aos mandamentos legais não é uniforme dentro do corpo social, razão pela qual o indivíduo acha-se em permanente contato com outras pessoas que têm diversos pontos de vista quanto à conveniência de acatá-los. Nas sociedades pluralistas, dito conflito de valorações é inerente ao próprio sistema e constitui a base e o fundamento da teoria sutherlaniana da associação diferencial.

6. Uma pessoa se converte em delinquente quando as definições favoráveis à violação da lei superam as desfavoráveis, isto é, quando por seus contatos diferenciais aprendeu mais modelos criminais que modelos respeitosos ao direito.

7. As associações e contatos diferenciais do indivíduo podem ser distintas conforme a frequência, duração, prioridade e intensidade dos mesmos. Contatos duradouros e frequentes, é lógico, devem ter maior influência pedagógica, mais

que outros fugazes ou ocasionais, do mesmo modo que o impacto que exerce qualquer modelo nos primeiros anos de vida do homem costuma ser mais significativo que o que tem lugar em etapas posteriores; o modelo é tanto mais convincente para o indivíduo quanto maior seja o prestígio que este atribui à pessoa ou grupos cujas definições e exemplos aprende.

8. Precisamente por que se aprende o crime, isto é, não se imita, o processo de aprendizagem do comportamento criminal mediante contato diferencial do indivíduo com modelos delitivos e não delitivos implica a aprendizagem de todos os mecanismos inerentes a qualquer processo deste tipo.

9. Embora a conduta delitiva seja uma expressão de necessidades e de valores gerais, não pode ser explicada como concretização deles, já que também a conduta adequada ao direito corresponde a idênticas necessidades e valores.

Em resumo:

Conceito	A grande repercussão que tais teorias ocasionaram foi a construção teórica em que a explicação do crime se desenvolve com a recusa do paradigma crime/classe baixa, evidenciando que indivíduos das classes média e alta podem delinquir.
Histórico	Sutherland não teve uma construção teórica totalmente originária. Gabriel Tarde foi o primeiro a desenvolver a ideia de estudar a criminalidade em função da origem social, o que foi denominado por ele de imitação. Para ele, a sociedade é uma reunião de pessoas que se imitam, ou seja, os dogmas, sentimentos, ideais, valores, costumes se transmitem por meio da imitação, inclusive a criminalidade. Diante do quadro social que vivia os EUA na década de 1930, Sutherland se viu motivado a investigar sobre as causas da criminalidade, notadamente, em virtude da criminalidade oculta e aparente, e o tratamento diferenciado dado entre os criminosos da classe alta e baixa.

Estrutura	Sutherland, utilizando dados oficiais, partiu do pressuposto de que tais informações, por evidenciarem maior delinquência das classes baixas, eram tendenciosas e supervalorizavam a criminalidade daquela classe social. A teoria da associação diferencial se assenta na ideia de que o comportamento criminoso deriva de um processo de aprendizagem que se dá com a interação com pessoas favoráveis à pratica dos crimes. O mérito desta teoria foi romper o velho paradigma: pobreza/delinquência.
O crime do colarinho branco	Trata-se de um delito cometido por pessoa de alto nível social, respeitável, seria uma pessoa de alto poder econômico que viola as leis que regulam sua profissão. Afirma Sutherland que há uma subestimação da criminalidade econômica e uma supervalorização da criminalidade da classe baixa.
Críticas	As principais críticas dirigidas à teoria de Sutherland dizem respeito especialmente ao seu excessivo nível de abstração.

3.4 Teoria da anomia

É considerada uma teoria do consenso. A teoria da anomia insere-se dentro das famílias das teorias funcionalistas, as quais consideram a sociedade como um todo orgânico com uma articulação interna entre seus órgãos (indivíduos), e com a finalidade de se autopreservar e se reproduzir.

Essas teorias pressupõem que os indivíduos devem estar integrados ao sistema de valores da sociedade, compartilhando os mesmos objetivos, de modo que se comportem de acordo com as normas vigentes. É possível, contudo, que a "máquina social" sofra uma disfunção, uma falha, de modo que ela deve encontrar uma forma de corrigi-la. Outro fator comum a essas teorias é que concentram suas observações, não sobre as causas das disfunções, mas sobre suas consequências exteriores.

Um dos expoentes da teoria da anomia é **Émile Durkheim**. Nos seus estudos, as explicações sobre crises sociais, conflitos e crimes assentam-se na ausência ou na desintegração de normas que governem as relações sociais (exemplo: a crise nas relações de trabalho e emprego durante as fases iniciais da industrialização tem como mote a anomia nessas relações). Esse contexto causal é denominado de anomia.

Anomia é uma palavra de origem grega, podendo ser traduzida como ausência de normas. Shecaira (2014) explica que a palavra anomia tem três importantes acepções para este estudo:

- **a transgressão pura das normas** – a delinquência propriamente dita;
- **o conflito entre normas sociais claras**, o que dificulta a adequação do indivíduo à sociedade;
- **o movimento contestatório às normas sociais** (chamada de crise de valores).

Nos três casos, o foco é ausência de normas, que causa a ruptura dos padrões sociais de conduta.

Outro conceito importante nos estudos de Durkheim é a ideia da consciência coletiva ou comum, que é o conjunto de crenças e dos sentimentos comuns à média dos membros de uma sociedade. Ela é diversa da consciência particular de cada indivíduo, embora exista uma coexistência entre ambas. A consciência coletiva tem maior extensão sobre as consciências individuais nas sociedades arcaicas (consciência coletiva prevalecendo sobre a individual), pois há poucas diferenças entre os homens, existindo entre eles uma solidariedade mecânica. Já na sociedade contemporânea, ela tem menor extensão sobre as individuais (consciência individual prevalecendo sobre a coletiva), na medida em que nela há uma grande diversidade entre os homens em razão das diferenciações/especialização das profissões e organizações, o que é oriundo do direito à liberdade de pensar, crer, expressar, querer, agir conforme as preferências individuais – assim sendo, desaparece a solidariedade mecânica para surgir a solidariedade orgânica.

De todo modo, toda a sociedade teria consciência coletiva: sua inexistência não chega a ser fonte de preocupação. O problema é que, na sociedade contemporânea, existe uma tendência para que a divisão (anômica) do trabalho seja acompanhada por uma coordenação imperfeita das partes da "máquina social", redução da solidariedade social e conflitos entre as classes sociais. Essa seria uma divisão patológica do trabalho, gerada pela anomia, a qual potencializa o aumento do índice da criminalidade.

Dito isso, é de suma importância notar que Durkheim defende que o crime é algo normal na sociedade, pois presente em todas as sociedades (desenvolvidas ou não). O que é anormal (problemático) é: a ausência de crimes, o que é sintoma de uma sociedade arcaica, isto é, que não evolui, e em que as liberdades não são garantidas; e o súbito aumento da incidência de crimes, o que é o sintoma de anomia, ou seja, do desmoronamento das regras sociais e da solidariedade (mecânica ou orgânica) entre os indivíduos. Nisso, este autor se distancia consideravelmente das outras escolas, principalmente a positivista, que tendem a encarar o crime como algo anormal.

Na verdade, o crime é considerado como "necessário e útil para o equilíbrio e o desenvolvimento sociocultural", pois pode ajudar no reforças dos laços comunitários (a solidariedade, valores éticos), e até mesmo nos ensinar sobre a necessidade de melhorar o sistema social na forma como lida com certas disfunções (ex.: atualização do direito; fortalecimento de algumas instituições como a escola; melhoria das condições de trabalho das polícias). Também pode ser o início de um movimento contestatório das normas sociais (ex.: descriminalização do consumo/produção de drogas leves; aborto; crimes políticos etc.).

Algo que também é normal é a punição dos crimes, pois a impunidade é vista de modo desfavorável em todas as sociedades. Porém a pena, na verdade, não teria a função precípua da prevenção especial (dissuadir o indivíduo ao cometimento de delito ou sua reincidência) ou prevenção geral (dissuadir a coletividade ao cometimento do delito) – por todos é conhecido que, quanto a estas finalidades, sua utilidade é medíocre. Sua finalidade seria satisfazer a consciência coletiva, que exige a reparação e o castigo do culpado, mantendo intacta a coesão social.

Por outro lado, seria errado afirmar que a pena teria perdido o caráter de vingança na sociedade contemporânea. Na verdade, esse caráter permanece, na medida em que a pena continua sendo a manifestação da reação passional da consciência coletiva, que a exige. O que ocorre é que, nas sociedades contemporâneas, ela é racionalizada para implicar numa punição de menor intensidade, quando, nas sociedades arcaicas a pena costuma ter maior intensidade (penas físicas e cruéis).

O que importa é que, em todas as sociedades, a pena se mantém como elemento de reforço da coesão social e reafirmação da solidariedade.

Quanto à criminologia, podemos resumir o pensamento de Durkheim da seguinte forma: **o crime é um fenômeno social normal, pois presente em todas as sociedades; a punição do crime também é normal, pois almejada em todas as sociedades; a anomia (crise de valores, ausência de normas e da solidariedade) é catalisadora do aumento da criminalidade**[5].

Seguindo a senda de Durkheim, Robert King Merton, que também estuda a criminologia tendo como base a teoria

---

5. Durkheim também afirma que anomia também é catalisadora do aumento de índice de comportamento autodestrutivo, no caso, aumento de suicídios.

da anomia, defende, em suma, que "o comportamento aberrante pode ser considerado sociologicamente um sintoma de dissociação entre as aspirações culturalmente prescritas e os caminhos socialmente estruturados para realizar tais aspirações" (SHECAIRA, 2014).

Percebam que aqui, apesar de ambos tratarem da anomia, os pilares teóricos são distintos e foram desenvolvidos em épocas e contextos sociais igualmente distintos.

Para Merton, a anomia fomenta a criminalidade na medida em que uma sociedade sofra uma dissociação entre a estrutura cultural e a estrutura social. Estrutura cultural é o conjunto de valores e objetivos promovidos pela sociedade; é a capacidade efetiva da sociedade viabilizar a realização desses valores e objetivos.

Merton (1964, p. 149) concluiu que os americanos foram socializados para acreditar no sonho americano, que existia um consenso sobre quais deveriam ser os objetivos sociais das pessoas: sucesso e riqueza material. No entanto, o acesso igualitário a esses objetivos não existia: havia uma tensão entre os objetivos socialmente incentivados da sociedade e os meios socialmente aceitáveis para alcançá-los.

As pessoas foram socializadas para acreditar que, para alcançar o sonho americano, elas teriam que trabalhar duro e teriam sucesso porque a sociedade era uma meritocracia. Os indivíduos fizeram várias adaptações em resposta a essa tensão, algumas das quais provavelmente levariam ao crime.

Dito isso, Merton afirma que, diante dessa tensão, existem cinco tipos de comportamentos:

1. **conformismo:** comportamento de pessoa que se adequa aos objetivos e meios da sociedade. Consiste na maioria da população, pois é ela que sustenta a estrutura cultural;

2. **ritualismo:** pessoa que se adequa aos meios, mas não aos objetivos da sociedade, pois ela se vê incapaz de alcançá-los. Ela não contesta ou ignora os objetivos sociais, mas segue compulsivamente as normas da sociedade;

3. **retraimento:** pessoa que renuncia aos objetivos e as normas sociais. Ex.: mendigos, viciados, ébrios habituais etc. São marcados pelo derrotismo, pela introspecção e pela resignação, expressados por um afastamento da sociedade e suas regras;

4. **inovação:** pessoa que adere aos objetivos culturalmente impostos (riqueza e poder), mas que decide alcançá-los por meios ilícitos (meio inovadores). Este é o criminoso, inclusive o do tipo "colarinho branco";

5. **rebelião:** pessoa que contesta os valores e objetivos da sociedade, defendendo novas metas e restruturação social.

As diferentes adaptações foram baseadas na aceitação ou rejeição dos meios e/ou objetivos:

Adaptação	Meios	Objetivos	Provável crime
Conformismo	✓	✓	✗
Inovação	✓	✓	✓
Retraimento	✗	✗	✓
Ritualismo	✓	✗	✗
Rebelião	✓✗	✓✗	✓

Assim, enquanto algumas pessoas se conformam, trabalham duro e tentam alcançar o sucesso apesar das dificuldades, outras se adaptam. A adaptação mais clara que pode levar à atividade criminosa é a do inovador: eles ainda querem o sucesso material, mas não querem trabalhar duro na escola, então encontram outro caminho para seus fins. Embora isso possa significar aparecer no X Factor (programa de televisão), também pode estar roubando um banco. Qualquer um dos dois poderia levar a um registro criminal.

Alguns podem rejeitar os meios e o objetivo e abandonar completamente a sociedade. Estes são os retirantes (tradução literal de *retreatists*, do grupo "retraimento"), e Merton pensou que eles poderiam cometer crimes como o uso de drogas ilegais. A outra adaptação que pode levar ao comportamento criminoso é a rebelião: algumas pessoas podem querer substituir os meios e os objetivos por novos e isso pode, em alguns casos, levar a protestos ilegais ou violência política.

Dito isso, Shecaira (2014) apresenta a conclusão dos estudos de Merton:

> Para esse autor, a anomia está associada ao estado de espírito de alguém que foi arrancado das suas razões morais, que já não segue quaisquer padrões, mas somente necessidades avulsas, e que já não tem senso de continuidade, de grupo e de obrigação. O homem anômico é espiritualmente estéril, reage somente diante de si mesmo e não é responsável para com ninguém. Ele ri dos valores dos outros homens. Sua única fé é a filosofia da negação. Merton, a partir dessas ideias, em face da delicada tensão entre estrutura e cultura social, conclui que a anomia é concebida como uma ruptura de estrutura cultural, ocorrendo, particularmente, quando há uma disjunção aguda entre as normas e metas culturais e as capacidades socialmente estruturadas dos membros do grupo em agir de acordo com as primeiras. Assim, toda vez que a sociedade acentuar a importância de determinadas metas, sem oferecer à maioria das pessoas a possibilidade de atingi-las, por meios legítimos, estar-se-á diante de uma situação de anomia.

Em resumo, Merton defende que a discrepância entre estruturas culturais e sociais (estipulação de metas sociais, sem meios para que a maioria possa alcançá-la) gera anomia, o que incentiva o comportamento inovador (criminoso).

Algumas **considerações críticas** são dignas de nota. Um dos méritos da(s) teoria(s) da anomia de Durkheim e Merton é demonstrar que o crime é um fenômeno normal, isto é, comum em todas as sociedades, e que pode até mesmo ser útil por uma diversidade de fatores. Todavia, é preciso reconhecer que, nos pensamentos de Merton, o crime deixa de ser tão normal, em virtude que a anomia (discrepância entre estruturas cultural e social) promove o comportamento inovador (criminoso) – o que ajuda a explicar o porquê de a maioria dos crimes serem cometidos por pessoas das classes desfavorecidas (excluídos dos meios de cumprir os ditames da estrutura cultural).

Shecaira (2014, p. 206) afirma ainda que Durkheim e Merton não demonstram efetivamente a existência da consciência coletiva (coletivo original): da maneira como descrita, seria apenas o pensamento das classes dominantes, cuja validade é cada vez mais contestável na medida em que a sociedade se torna mais plural e heterogênea.

A teoria da anomia também não explica muitas situações: criminalidade que não persegue lucro (ex.: crimes passionais); pessoas que estão em classes desfavorecidas que não deliquem; tratamento brando em relação aos crimes do colarinho branco etc.

O pensamento funcionalista influenciou muitos autores. Dentre eles, Niklas Luhmann, que elaborou uma teoria dos sistemas sociais própria, a qual culmina numa aproximação com a teoria da anomia nas explicações sobre o direito.

Niklas Luhmann defende que a sociedade seria um sistema, na verdade o sistema mais abrangente. Neste grande sistema inserem-se os demais sistemas, que são, por assim dizer, subsistemas, dentre eles temos o subsistema do direito, da política e da economia.

Noutro viés, ele afirma que os seres humanos são dotados de diversas expectativas em relação a si mesmo, como também em relação à natureza e aos outros seres humanos. Essas expectativas variam em conformidade com a frustração a que se sujeitam: se ela permanece frente a frustação, trata-se de uma expectativa normativa; se não permanece (se ela cede), resultando em resignação e adaptação, trata-se de uma expectativa cognitiva.

Luhmann ressaltou que as possibilidades do comportamento humano são muitas e que ainda são potencializadas pela complexidade da sociedade em que vive. Como o homem interage com os demais, diante da presença dos outros, não sabe ao certo o que pode esperar do outro, nem o que o outro pode esperar dele. Por isto, é fundamental que as expectativas de comportamento sejam claras e estabilizadas (GALVÃO, 2013, p. 171). Antes de considerar a teoria dos sistemas autopoiéticos (autorregulados), Luhmann sustentou que são as expectativas e as expectativas de expectativas que orientam o comportamento humano e a interação social, reduzindo a complexidade da sociedade de modo a tornar a vida mais previsível e menos insegura (LUHMANN, s.d., p. 45-53).

O direito estabelece as expectativas comportamentais que possam ser generalizadas nas dimensões temporal, social e prática. Quer dizer, ele faz com que algumas expectativas se prolonguem no tempo (tenham continuidade), embora possam eventualmente ser frustradas; possam ser generalizadas independentemente da aprovação individual (prevalece em virtude da aceitação coletiva); e sejam garantidas por instituições, papéis e programas. Assim, a função do subsistema do direito é fazer que essas expectativas comportamentais escolhidas se tornem expectativas normativas.

Dessa forma, a função básica do subsistema do direito é, em grosseiro resumo, a regulação das expectativas, permitindo que se saiba o que esperar do comportamento alheio, trazendo segurança (jurídica) às relações sociais.

Dito isso, a doutrina estabelece uma aproximação entre os pensamentos de Durkheim e Luhmann sobre a função da pena. Enquanto aquele afirma que a pena tem a função de manter intacta a coesão social, reafirmando a vitalidade da consciência comum, este afirma que ela ajuda a reforçar a confiança no direito, ou seja, de que o sistema jurídico prevalece frente as contingências. Portanto, ambos afirmam que a pena tem a função de fazer com que os cidadãos cumpridores da lei continuem acreditando nela, e, assim, cumprindo-a. Ela nos faz acreditar que o Estado funciona.

Por fim, temos que o pensamento funcionalista também serviu de base teórica para dois grandes estudiosos do direito penal alemão:

a) **Günther Jakobs** (expoente do funcionalismo radical) sustentou que o direito penal tem a função de reafirmar a validade do sistema jurídico. Quer dizer, o crime deve ser punido, não que pelo dano causado à sociedade de modo específico (lesão ao bem jurídico), mas sim pela realização de ato contrário ao Direito. Esse tipo de pensamento é tido como autoritário, uma vez que ele implica em tornar o direito penal em um fim em si mesmo, e tende a esvaziar a importante função da culpabilidade na dosimetria da pena.

b) **Claus Roxin** (expoente do funcionalismo moderado) sustentou que o direito penal tem a função de proteger bens jurídicos, só podendo sancionar condutas que ofendam bens hauridos da liberdade e da dignidade humana. E isso tende a ser mais aceito dentro de uma perspectiva mais moderna e humanitária do direito penal.

Em ambos os casos, a pena tem a função de proteger de forma sistêmica a sociedade, embora conduzam a considerações distintas sobre o objetivo final do direito penal.

3.5 Teoria da subcultura delinquente

É considerada uma teoria do consenso. O criador dessa teoria foi o sociólogo norte-americano Albert K. Cohen e teve como marco o ano de lançamento de seu livro *Deliquent boys*, em 1955.

A subcultura é uma cultura associada a sistemas sociais (incluindo subgrupos) e categorias de pessoas (tais como grupos étnicos) que fazem parte de sistemas mais vastos, como organizações formais, comunidades ou sociedades.

Bairros étnicos urbanos – variando de indianos em Londres e muçulmanos em Paris, a americanos em Hong Kong ou chineses em Nova York – compartilham frequentemente de linguagens, ideias e práticas culturais que diferem das seguidas pela comunidade geral, mas, ao mesmo tempo, sofrem pressão para conformar-se, em certo grau, à cultura mais vasta na qual está enraizada a subcultura.

O mesmo fato pode acontecer também em sistemas sociais menores, como grandes empresas, departamentos do governo ou unidades militares, que se aglutinam muitas vezes em torno de interesses especializados ou de laços criados por interações diárias e interdependência mútua.

Três ideias básicas sustentam a subcultura:

1. o caráter pluralista e atomizado da ordem social;
2. a cobertura normativa da conduta desviada;
3. as semelhanças estruturais, na gênese, dos comportamentos regulares e irregulares.

Segundo Cohen, a subcultura delinquente se caracteriza por três fatores: **não utilitarismo da ação; malícia da conduta e negativismo**.

O **não utilitarismo da ação** se revela no fato de que muitos delitos não possuem motivação racional (ex.: alguns jovens furtam roupas que não vão usar).

A **malícia** da conduta é o prazer em desconcertar, em prejudicar o outro (ex.: atemorização que gangues fazem em jovens que não as integram).

O **negativismo** da conduta mostra-se como um polo oposto aos padrões da sociedade.

A existência de subculturas criminais se mostra como forma de reação necessária de algumas minorias muito desfavorecidas diante das exigências sociais de sobrevivência.

Sustenta Alessandro Baratta (2002) que

> tanto a teoria funcionalista da anomia quanto a teoria das subculturas criminais contribuíram, de modo particular, para esta relativização do sistema de valores e regras sancionadas pelo direito penal, em oposição à ideologia jurídica tradicional, que tende a reconhecer nele uma espécie de mínimo ético, ligado às exigências fundamentais da vida da sociedade e, frequentemente, aos princípios de toda convivência humana.

3.6 Teoria do *labelling approach*

Também chamada de interacionismo simbólico, etiquetamento, rotulação ou reação social. É uma teoria do conflito. A teoria do etiquetamento rompeu paradigmas. Ela deu um giro profundo na forma de se analisar o crime. Deixou de centrar estudos no fenômeno delitivo em si e passou a focar suas atenções na **reação social**, no efeito criminógeno do sistema de repressão penal, em especial das prisões (como eles são catalisadoras da delinquência secundária e reincidência)[6].

Labelling é etiqueta e *approach* é posto no sentido de empreender, colocar. Logo, nesta seara de pensamento, a origem do crime estaria assentada no próprio processo de criminalização.

Os principais representantes dessa linha de pensamento são Erving Goffman e Howard Becker. Seguindo Becker, os grupos sociais criam os desvios ao fazerem as regras cuja infração constitui o desvio e ao aplicarem tais regras a certas pessoas em particular, qualificando-as como marginais. Os processos de desvios, assim, podem ser considerados primários e secundários (GRECO, 2005, p. 52). **O desvio primário corresponde à primeira ação delitiva do sujeito**, que pode ter como finalidade resolver alguma necessidade, por exemplo, econômica, ou produz-se para acomodar sua conduta às expectativas de determinado grupo subcultural.

O desvio secundário se refere à repetição dos atos delitivos, especialmente a partir da associação forçada do indivíduo com outros sujeitos delinquentes.

[6.] Essa ideia não se inicia com os teóricos do *labelling approach*, essa teoria se inicia nos anos 1960. Uma série de outros estudiosos já abordaram o tema: Jeremy Bentham; Cesare Lombroso; Clifford Shaw.

A tese central dessa corrente pode ser definida, em termos muito gerais, pela afirmação de que cada um de nós se torna aquilo que os outros veem em nós e, de acordo com essa mecânica, a prisão cumpre uma função reprodutora: a pessoa rotulada como delinquente assume, finalmente, o papel que lhe é consignado, comportando-se de acordo com o mesmo. Todo o aparato do sistema penal está preparado para essa rotulação e para o reforço desses papéis.

Seguimos.

Há a construção de determinados estigmas sociais e, por esse motivo, fora falado de interacionismo simbólico, bem como na forma como o Estado e a sociedade detentora do poder de rotular reagem a estes estigmas sociais. Howard S. Becker possui uma obra chamada *Outsiders*, onde desenvolve o seguinte pensamento: "Quando uma regra é imposta, a pessoa que presumivelmente a infringiu pode ser vista como um tipo especial, como alguém de quem não se espera viver de acordo com estas regras estipuladas pelo grupo. Essa pessoa é encarada como um *outsider*".

Nesse aspecto, ele trabalha o conceito de *outsider*, questionando se este seria um entendimento estático, relacionado apenas a um determinado segmento social. Esclarece o autor que:

> *Outsider* como ponto de vista – diferentes grupos com diferentes noções de "desviar" ou de "rotular" ou identificar uma ação ou ato como um desvio social – dependerá do grupo social a que os atores sociais estão ligados: classe social, componentes políticos, culturais, religiosos, entre outros. Os detentores de poder político e econômico são os criadores das regras, impostas, muitas vezes, às pessoas que não pertencem àquele grupo e àquela lógica e que não concordam com as normas. (MEIER, 2016)

Imagine, por exemplo, estar dentro de uma tribo indígena. Os que não partilham da mesma cultura, da mesma visão de mundo, serão considerados *outsiders*.

Outro exemplo nítido dessa situação podemos citar o personagem Carlito Brigante, representado por Al Pacino em *O Pagamento Final (Carlito's Way)*, filme dirigido por Brian de Palma, em 1993. Nesse filme, Carlito é traficante de drogas e consegue sair da cadeia com uma brecha da lei. Ele tenta então dar um novo rumo à sua vida, mas seus ex-colegas do crime, a polícia, sua família e o resto do sistema rotularam Carlito como "criminoso". Uma linha invisível vai conduzindo a vida de Carlito, até o mesmo se enquadrar novamente em seu **rótulo**.

Surgida nos Estados Unidos por volta dos anos 1970, o *labelling approach* privilegia, na análise do comportamento desviado, o funcionamento das instâncias de controle social (criminalização secundária), ou seja, a reação social aos comportamentos assim etiquetados. Crime e reação social são, segundo esse enfoque, manifestações de uma só realidade: a interação social. Não há como compreender o crime senão em referência aos controles sociais.

De acordo com essa perspectiva interacionista, não se pode compreender o crime prescindindo da própria reação social, do processo social de definição ou seleção de certas pessoas e condutas etiquetadas como delitivas. Delito e reação social são expressões interdependentes, recíprocas e inseparáveis. O desvio não é uma qualidade intrínseca da conduta, senão uma qualidade que lhe é atribuída por meio de complexos processos de interação social, processos estes altamente seletivos e discriminatórios.

Do ponto de vista metodológico, há que se realçar a importância da descoberta do defasamento quantitativo e, sobretudo, qualitativo entre a delinquência potencial (ou secreta) e a delinquência real.

Tal fato permitiu ao *labelling*, por um lado, contestar os fundamentos epistemológicos da criminologia tradicional e, por outro lado, retirar a ideia de delinquência de sua dimensão ontológica.

O que os delinquentes têm em comum, o que verdadeiramente os caracteriza, é apenas a resposta das audiências de controle. Ou seja, não é o crime em si que vai ser o ponto central da visão criminológica, mas sim a respectiva reação social que é deflagrada com a prática do ato pelo delinquente. Temos um giro nos sistemas que sai do crime para a reação social ao mesmo.

Quais as mudanças que surgiram após o advento da teoria do *labelling approach*?

Enquanto antes perguntava-se o porquê do desviado praticar atos ilícitos, pergunta-se o porquê do não desviado não os praticar. Howard S. Becker (SHECAIRA, 2014) responde ao novel questionamento:

> (...) as classes médias, que já conseguiram certos padrões mínimos de bem-estar e conforto, teriam muito a perder com um crime. Um estudante de universidade, com carreira promissora, perderia muito se fosse pego utilizando entorpecentes. A família saberia, o emprego futuro estaria em risco, sua reputação seria abalada. Já as pessoas que não têm necessidade de manter uma aparência poderiam seguir seus instintos naturais, seus impulsos.

Com as teorias da criminalidade e da reação penal baseadas sobre o *labelling approach*, e com as teorias conflituais, tem lugar no âmbito da sociologia criminal contemporânea a passagem da criminologia liberal para a **criminologia crítica**.

Uma passagem, como parece evidente, que ocorre lentamente e sem uma verdadeira solução de continuidade. A recepção alemã do *labelling approach* em particular é um momento importante dessa passagem. Essa direção de pesquisa parte da consideração de que não se pode compreender a criminalidade se não se estuda a ação do sistema penal que a define e reage contra ela, começando pelas normas abstratas até as instâncias oficiais (polícia, juízes, instituições penitenciárias que as aplicam), e que, por isso, o *status* social do delinquente pressupõe, necessariamente, o efeito da atividade das instâncias oficiais de controle social da delinquência, enquanto não adquire esse *status* aquele que, apesar de ter realizado o mesmo comportamento punível, não é alcançado, todavia, pela ação daquelas instâncias. Portanto, este não é considerado e tratado pela sociedade como **delinquente**.

O discurso jurídico-penal ficou irremediavelmente desqualificado pela demonstração incontestável de sua falácia, enquanto a criminologia etiológica, complemento teórico sustentador desse discurso, viu-se irreversivelmente desmentida. A partir dessas contribuições teóricas, o sistema penal já não podia permanecer fora dos limites da Criminologia, convertendo-se em seu objeto necessário ao revelar-se como mecanismo reprodutor da realidade **criminal**. Por isso, afirmamos que as investigações interacionistas e fenomenológicas constituem o golpe deslegitimador mais forte recebido pelo exercício de poder do sistema penal, do qual o discurso jurídico-penal não mais poderá recuperar-se, a não ser fechando-se hermeticamente a qualquer dado de realidade, por menor que seja, isto é, estruturando-se como um delírio social.

Não interessam, enfim, à perspectiva interacionista as causas da desviação primária, mas só os processos de criminalização secundária, vale dizer, os processos de funcionamento de reação e controle sociais, que são, em última análise, os responsáveis pelo surgimento do desvio como tal. **Para o interacionismo, o delito é apenas um rótulo social derivado do processo de etiquetamento.**

Segundo Eduardo Viana (2018), estes são os principais postulados da teoria do *labelling approach*.

Interacionismo simbólico e construtivismo	O comportamento humano é inseparável dos processos sociais de interação.
Introspecção simpatizante	Técnica de aproximação da realidade criminal como forma de compreendê-la a partir do desviado e sua concepção de mundo.
Natureza definitorial do delito	A conduta não é, em si, desviada. O desvio é fruto de uma construção formal.
Seletividade e discriminação	O controle social é seletivo e discriminatório. Penaliza condutas comuns à classe dominada, por isso, os indivíduos dessas classes têm mais chances de serem delinquentes.
Efeito criminógeno da pena	"A cadeia é a escola do crime".
Paradigma do controle	O sistema formal de controle é que criminaliza a sociedade, definindo condutas como desviadas, sendo assim, são eles que definem quem são ou serão os criminosos.

3.7 Teoria crítica

É considerada uma teoria do conflito. **A teoria crítica, também chamada de teoria radical ou nova criminologia, é uma vertente que, como o nome diz, se propõe a criticar a própria criminologia, seguindo os ditames das teorias do conflito.** Ela se propõe a questionar, antes de tudo, a sociedade capitalista como substrato do fenômeno criminal.

Vera Regina Pereira de Andrade (2012), em sua obra, ensina sobre a criminologia crítica e fala da importância desse pensamento para a nova concepção criminológica:

> Igualmente expressiva foi a ruptura metodológica e epistemológica com a criminologia tradicional, significa, desde logo, abandono do paradigma etiológico-determinista (sobretudo no plano individual) e a substituição de um modelo estático e descontínuo de abordagem do comportamento desviante, por um modelo dinâmico e contínuo, traduz-se, por outro lado, na desvalorização das estatísticas oficiais como instrumento de acesso à realidade do crime e que por isso colocavam necessariamente aporias insuperáveis dum ponto de vista gnosiológico.

Sua origem mediata advém do livro *Punição e estrutura social*, de Georg Rusche e Otto Kichheimer, publicado em 1930, e republicado em 1967, o qual, à luz do pensamento marxista, correlaciona as penas ao método de produção de riquezas em uma sociedade, sendo que, no capitalismo industrial, deixam de ser aplicadas penas corporais (morte, amputação, açoites) para utilizarem penas restritivas de liberdade, o que seria uma forma de disciplinar a mão de obra em favor de interesses econômicos.

O ponto central da teoria crítica é, como dito, criticar a criminologia tradicional, que não compreende o fenômeno criminal em sua totalidade, pois não se percebe que o crime é uma decorrência lógica do método de produção do capitalismo:

> A lei nada mais é do que uma estrutura (também designada superestrutura) dependente do sistema de produção infraestrutura ou base econômica). (...) O homem, por sua vez, não tem o livre arbítrio que lhe atribuem, pois

está submetido a um vetor econômico que lhe é insuperável e acaba por produzir não só o crime em particular, mas também a criminalidade, como um fenômeno mais global, com as feições patrimoniais e econômicas que todos conhecem (...) (SHECAIRA, 2014).

A lei penal nada mais seria que um reflexo da dominação, sendo que, na sociedade moderna, seria um produto da relação entre burguesia (classe dominante) e proletariado (classe dominada). E, nesse jaez, critica-se até mesmo a teoria da rotulação social, pois esta evita discutir sobre as causas da desviação primária. Enfim, a abordagem criminológica só poderia avançar se reestruturada ou reformulada a sociedade capitalista, sendo um dos seus mais graves problemas a desigualdade social.

Merece destaque o paralelo entre as teorias funcionalista e crítica, o que foi elaborado por William J. Chambliss no texto da coletânea intitulada *Criminologia crítica*:

Teoria funcionalista	Teoria crítica (dialética marxista)
Para Durkheim, a mais importante função do crime na sociedade foi esclarecer e prescrever os limites morais da comunidade.	Para Marx, as contribuições do crime são gerar: – uma estabilidade econômica temporária em um sistema econômico que é intrinsecamente instável; – uma legitimação do monopólio do Estado sobre a violência, e justificativa para o controle político legal das massas.
Certos atos são considerados criminosos porque ofendem a moralidade do povo.	Certos atos são criminosos porque é do interesse da classe dominante assim defini-los.
Certas pessoas são rotuladas criminosas porque seu comportamento foi além dos limites da tolerância da consciência da comunidade.	Certas pessoas são rotuladas criminosas porque, assim as definindo, serve-se ao interesse da classe dominante.

Teoria funcionalista	Teoria crítica (dialética marxista)
As pessoas das classes mais baixas são mais propensas a serem presas porque cometem mais crimes.	As pessoas das classes mais baixas são rotuladas criminosas e as da burguesia não porque o controle desta classe sobre os meios de produção lhes dá o controle do Estado, assim como da aplicação da lei.
O crime é uma constante na sociedade, pois todas as sociedades precisam de sua produção (instituição).	O crime varia de sociedade para sociedade, de acordo com cada estrutura econômica e política.
À medida em que as sociedades se tornam mais especializadas na divisão do trabalho, cada vez mais as leis vão refletir disputas contratuais e as leis penais vão se tornar cada vez menos importantes.	À medida em que as sociedades capitalistas se industrializam, a divisão entre as classes sociais vai crescendo e as leis penais vão, progressivamente, tendo que ser aprovadas e aplicadas para manter uma estabilidade temporária, encobrindo confrontações violentas entre as classes sociais.
Sociedades socialista e capitalista deveriam ter a mesma quantidade de crimes, uma vez que apresentam índices comparáveis de industrialização e burocratização.	Sociedades socialistas e capitalistas deveriam ter índices significativamente diferentes de crimes, pois o conflito de classes será menor nas sociedades socialistas, o que acarreta na menor quantidade de crimes.
O crime faz as pessoas mais conscientes dos interesses que têm em comum e estabelece um vínculo mais forte, o que leva a uma maior solidariedade entre os membros da comunidade.	Definir certas pessoas como criminosas permite um controle maior sobre o proletariado. O crime orienta a hostilidade do oprimido para longe da classe dominante (burguesia).

A partir daí, podemos estudar as correntes da teoria crítica.

3.7.1 Neorretribucionismo (realismo de direita) x neorrealismo de esquerda

Uma vertente diferenciada surge nos Estados Unidos, com a denominação lei e ordem ou tolerância zero (*zero to-*

lerance), decorrente da teoria das "janelas quebradas" (*broken windows theory*), inspirada pela escola de Chicago, dando um caráter "sagrado" aos espaços públicos.

Alguns a denominam realismo de direita ou neorretribucionismo. Parte da premissa de que os pequenos delitos devem ser rechaçados, o que inibiria os mais graves (fulminar o mal em seu nascedouro), atuando como prevenção geral; os espaços públicos e privados devem ser tutelados e preservados. Alguns doutrinadores discordam dessa teoria, no sentido de que produz um elevado número de encarceramentos (nos EUA, em 2008, haviam 2.319.258 encarcerados e aproximadamente 5.000.000 pessoas beneficiadas com algum tipo de instituto processual, como *sursis*, liberdade condicional etc.).

Em 1982, foi publicada na revista *The Atlantic Monthly* uma teoria elaborada por dois criminólogos americanos, James Wilson e George Kelling, denominada Teoria das Janelas Quebradas (*Broken Windows Theory*). Essa teoria parte da premissa de que existe uma relação de causalidade entre a desordem e a criminalidade.

A teoria baseia-se num experimento realizado por Philip Zimbardo, psicólogo da Universidade de Stanford, com um automóvel deixado em um bairro de classe alta de Palo Alto (Califórnia) e outro deixado no Bronx (Nova York). No Bronx o veículo foi depenado em 30 minutos; em Palo Alto, o carro permaneceu intacto por uma semana.

Porém, após o pesquisador quebrar uma das janelas, o carro foi completamente destroçado e saqueado por grupos de vândalos em poucas horas. Nesse sentido, caso se quebre uma janela de um prédio e ela não seja imediatamente consertada, os transeuntes pensarão que não existe autoridade responsável pela conservação da ordem naquela localidade. Logo, todas as outras janelas serão quebradas.

Assim, haverá a decadência daquele espaço urbano em pouco tempo, facilitando a permanência de marginais no lugar; criar-se-á, dessa forma, terreno propício para a criminalidade.

A teoria das janelas quebradas (ou *Broken Windows Theory*), desenvolvida nos EUA e aplicada em Nova York, quando Rudolph Giuliani era prefeito, por meio da Operação Tolerância Zero, reduziu consideravelmente os índices de criminalidade naquela cidade. O resultado da aplicação Da *Broken Windows Theory* foi a redução satisfatória da criminalidade em Nova York, que antigamente era conhecida como a "Capital do Crime". Hoje essa cidade é considerada a mais segura dos Estados Unidos.

Uma das principais críticas a essa teoria está no fato de que, com a política de tolerância zero, houve o encarceramento em massa dos menos favorecidos (prostitutas, mendigos, sem--teto etc.).

Na verdade, a crítica não procede, porque a política criminal analisava a conduta do indivíduo, não a sua situação pessoal. Em 1990, o americano Wesley Skogan realizou uma pesquisa em várias cidades dos EUA que confirmou os fundamentos da teoria. A relação de causalidade existente entre desordem e criminalidade é muito maior do que a relação entre criminalidade e pobreza, desemprego, falta de moradia.

O estudo foi de extrema importância para que fosse colocada em prática a política criminal de tolerância zero, implantada pelo chefe de polícia de Nova York, Willian Bratton, que combatia veementemente os vândalos no metrô. Do metrô para as ruas implantou-se uma teoria da lei e ordem, em que se agia contra os grupos de vândalos que lavavam os para-brisas de veículos e extorquiam dinheiro dos motoristas. Essa conduta era punida com serviços comunitários e não levava à prisão. Assim, as pessoas eram intimadas e muitas não cumpriam a determinação judicial, cujo descumprimento autorizava, então, a prisão. As prisões foram feitas às centenas, o que intimidava os demais, levando os nova-iorquinos a acabar em semanas com um temor de anos.

Em Nova York, após a atuação de Rudolph Giuliani (prefeito) e de Willian Bratton (chefe de polícia) com a *zero tolerance*, os índices de criminalidade caíram 57% em geral e os casos de homicídios caíram 65%, o que é no mínimo elogiável.

3.7.1.1 Neorrealismo de esquerda

A nomenclatura desta corrente visa transmitir duas ideias: o realismo em contraposição ao idealismo, sendo que este termo é associado à criminologia tradicional; de esquerda em contraposição ao realismo de direita, o qual se traduz nos movimentos conservadores de lei e ordem (*Law and Order*), programa de tolerância zero e teoria das janelas quebradas (*broken windows*).

O neorrealismo de esquerda se opõe flagrantemente a essa política. Mas o estudo dela não é feito de forma comparativa. Vejamos os pontos defendidos por esta corrente:

- Acusam outras correntes da teoria crítica de focarem seus estudos mais em economia política e teoria do Estado do que na própria criminologia.
- Defendem o retorno ao estudo da vítima: afirma que os defeitos estruturais da sociedade capitalista (desigualdade social, busca desenfreada por bens, preconceito em geral) tornam os pobres mais frágeis, pois são eles que mais sofrem

com a criminalidade, e, por isso, são os que mais demandam uma solução; esta, porém, nunca é alcançada pois os defeitos da sociedade nunca são sanados – isto gera inconformidade da classe trabalhadora e o esquecimento do "real inimigo" (o capitalismo).

- Defendem nova relação entre polícia e sociedade: que a polícia haja em conjunto e de acordo com os anseios setoriais de cada comunidade; que a polícia haja em defesa dos interesses da comunidade, e não do capitalismo.

- Defendem a descriminalização de certas condutas, e a criminalização daquelas que agridem a classe trabalhadora ("roubos, violências sexuais, abusos contra crianças e adolescentes, violências com motivações raciais, violências nos locais de trabalho, delitos cometidos contra governos e grandes empresas").

- Defendem que a prisão continua necessária, mas somente para circunstâncias extremas, devendo ser maximizadas medidas que reintegrem o delinquente à sociedade, reavivando seus compromissos éticos com a comunidade – assim sendo, a disciplina do delinquente continua sendo necessária.

3.7.2 Teoria minimalista (direito penal mínimo)

A nomenclatura deriva do objetivo de reduzir o direito penal em certas áreas (descriminalização de comportamentos que agridem a moralidade pública e delitos cometidos sem violência ou grave ameaça), defendendo **uma *prudente não intervenção* em face de alguns delitos cometidos, por entenderem que qualquer radical aplicação de pena pode produzir consequências mais gravosas quanto aos benefícios que poderia trazer.**

Nesse viés, reduz a relevância da criminalidade de massa ou de rua (furto, roubo etc.), para destacar a "criminalidade dos oprimidos" (racismo, discriminação sexual, criminalidade do colarinho-branco, crimes ecológicos, belicismo etc.), elevando a importância dos crimes contra o interesse coletivo, revendo a hierarquia de bens jurídicos.

Aponta ainda para um garantismo em favor do réu que, se deve receber uma punição, esta deve ser fruto de uma decisão racional imposta pelo Estado mediante um processo justo, evitando a espetacularização do acusado ou punição emotiva – e, nesse contexto, afirma a necessidade de assegurar os direitos humanos fundamentais, limitando e regulando a atuação das agências de controle. O modo de alcançar esses objetivos seria reconhecer o norte minimizador conforme três postulados: **caráter fragmentário do direito penal; intervenção punitiva como *ultima ratio*; reafirmação da natureza acessória do direito penal.**

3.7.3 O abolicionismo

Como o nome fala, pretende abolir, acabar o direito penal. Os abolicionistas afirmam que, assim como o sistema punitivo criminal foi construído pela vontade política da sociedade moderna, também pode ser desconstruído. Mas como fazer isso? Por quê? Essa pretensão é sustentada por críticas ao sistema penal que, em resumo, são: o sistema penal "só tem servido para legitimar e reproduzir as desigualdades e injustiças sociais", sendo uma instância "seletiva e elitista". Isso será melhor estudado mais adiante.

Vejamos as matrizes ideológicas do abolicionismo:

■ Pensamentos anarquistas: defende que o Estado e o sistema penal são o jugo de dominação sobre todas as pessoas (ricos ou pobres), impedindo que elas alcancem a plena felicidade – assim, se o Estado deve desaparecer, o mesmo deveria ocorrer com o sistema penal.

- Visão marxista: vê o sistema penal como forma de mascarar os conflitos sociais entre as classes dominante e dominada, sendo que o socialismo produziria justiça social, e, dessa forma, acabaria com a necessidade do sistema penal.
- Pensamento liberal e cristão: baseado no conceito de solidariedade orgânica trazido por Durkheim, conceito esse reforçado e reutilizado por Louk Hulsman, afirma que as situações-problemas não deveriam ser resolvidas pelo sistema anômico construído pela sociedade repressiva (pelo sistema penal), mas por um sistema eunômico, quer dizer, por meio de um sistema em que as próprias pessoas se ocupariam dos próprios conflitos; por outro lado, o pensamento liberal e cristão critica a dor desnecessária aplicada sobre os autores de ilícitos.

Tendo em conta essas matrizes ideológicas, vejamos mais detalhadamente as críticas (SHECAIRA, 2014) ao sistema penal:

a) não haveria, de fato, um grande impacto na abolição no sistema penal porque, considerando a altíssima cifra negra da criminalidade (cerca de 90% dos crimes não chegam à justiça), já vivemos sem ele;

b) ele é ineficiente ("o sistema é anômico"), pois, na prática, não consegue proteger os bens jurídicos ou as relações sociais. Não há cumprimento da função de prevenção geral. A realidade é que, com o passar dos anos, a criminalidade só aumenta e se sofistica;

c) ele é seletivo, isto é, só atinge os pobres e as pessoas que já são marginalizadas pela sociedade, de modo que resulta no reforço das desigualdades sociais;

d) ele é estigmatizante, sendo responsável pelo incremento da reincidência e do surgimento das carreiras criminais;

e) ele é burocrata e corporativista, com estruturas compartimentalizadas (polícias, Ministério Público, Poder Judiciário, Sistema Penitenciário) que deveriam atuar em conjunto em prol da sociedade, mas, em verdade, atuam em prol de si mesmos, repassando a culpa dos problemas do sistema de repressão aos outros membros do sistema de repressão;

f) o sistema penal fundamenta-se filosoficamente num consenso na lei, quando, na verdade, esse consenso é ilusório. E, baseado nessa ilusão, a sociedade criou o mito de que o ato desviado é uma exceção, quando, na verdade, é mais próximo do que as pessoas imaginam. Por outro lado, esse suposto consenso traduz o autoritarismo do sistema, o qual nega o pluralismo das sociedades heterogêneas contemporâneas;

g) o sistema penal se opõe à estrutura geral da sociedade civil. A criação de uma estrutura burocrática na sociedade moderna, com a profissionalização do sistema persecutório, gerou um mecanismo em que as sanções são impostas por uma autoridade estranha e vertical, no estilo militar. As normas são conhecidas somente pelos operadores do sistema; nem autores nem vítimas conhecem as regras que orientam o processo. Este mecanismo se opõe à estrutura mais informal da sociedade civil, que muitas vezes facilita encontros cara a cara, os quais podem agilizar a solução dos conflitos entre as partes envolvidas.

Os operadores jurídicos, especialmente o magistrado, pertencem a um mundo diferente do processado; condenar para ele é um ato de rotina burocrático, uma ordem escrita sobre um papel que outros funcionários executarão e que ele assinará em escassos segundos. Quando o juiz volta sua cabeça para confiar seu expediente ao escrevente, o condenado, que ficou diante dos olhos do juiz por alguns minutos, já estará fora de seu raio de visão e o juiz se ocupará do réu seguinte;

h) a vítima não recebe a devida atenção ao sistema penal, que apenas lhe vê como pessoa interessada na condenação, e, muitas vezes, não lhe tem garantido o direito à reparação;

i) a pena produz uma dor inútil, pois não ressocializa: apenas aniquila o condenado. Por outro lado, segundo René Ariel Dotti, ela é ilegítima, pois a única pena legítima seria aquela aceita pelo condenado, produzida em um processo dialógico, construída através do consenso.

Nessa linha, Thomas Mathiesen (2003), buscando demonstrar o fiasco da pena privativa de liberdade, afirma que esta possui cinco funções: a primeira função é depurativa. A sociedade pós-industrial, cujos conceitos de produtividade e eficiência são fundamentais, deve zelar pela preservação desses "valores". Tal sociedade pode libertar-se de várias maneiras, mas a mais difundida é a internação. Anciãos vão para uma casa de repouso; os loucos são conduzidos a um hospital psiquiátrico; os alcoólatras e viciados em drogas se tratam em clínicas especializadas. Ladrões e traficantes são destinados ao cárcere.

A segunda função da prisão é a redução da impotência. Para a sociedade produtiva, não é suficiente colocar os "improdutivos" em uma instituição fechada. É importante que não se ouça mais falar deles para que a deputação tenha bom êxito. É fundamental que o preso seja reduzido ao silêncio, já que isolado do resto do mundo, qualquer protesto fica facilmente sufocado, com a máxima facilidade.

A terceira função cárcere é diversiva. Na nossa sociedade são cometidos inúmeros crimes por pessoas perigosas e que representam perigo à sociedade. Grosso modo são aquelas ações cometidas por indivíduos ou grupos de interesses que dispõem de um grande poder: capacidade poluidora, utilização de mão de obra de maneira nociva para a saúde dos empregados, produção de coisas que devastam o ambiente, enfim, ações que atingem bens difusos, prejudicando toda a comunidade. Essas são, de fato, as pessoas mais perigosas socialmente. A pena privativa de liberdade, no entanto, destina-se aos autores de crimes contra a propriedade, delitos nem sempre relevantes para a comunidade como um todo. Sua função precípua é chamar a atenção para tais crimes, cujas penas são maiores do que aquelas capituladas para os fatos criminosos realmente relevantes, fazendo com que a comunidade não volte sua atenção para aquilo que é o mais importante. A pena cumpre, pois, o papel de tornar-se visível.

A quarta função é simbólica. É com a entrada no cárcere que se inicia o processo de estigmatização. A detenção de poucos simboliza a infalibilidade de muitos. É um método bastante eficiente de fazer continuar delinquente o delinquente; de reduzi-lo à impotência. Por fim, a quinta e última função é demonstrar a ação. O encarceramento é o tipo de sanção com maior impacto e visibilidade na sociedade. Os autores da política moderna encontram um modo de fazer ver a todos, e em especial àqueles que trabalham sobre o crime como categoria comportamental, que alguma coisa está se fazendo a esse propósito; qualquer coisa, especialmente para que se possam reafirmar a "lei e a ordem". Nenhuma outra sanção, senão a prisão, atinge tal objetivo.

Diante de todas essas considerações, podemos observar que a criminologia crítica foi responsável por repensar o sistema penal e a própria sociedade, apontando para problemas estruturais e injustiças sistêmicas, o que teve como consequência a construção de alternativas na busca de uma sociedade mais justa e solidária. Em especial, destaca-se: a crítica a criminalização quase exclusiva dos pobres e marginalizados, bem como a denúncia da estigmatização do sistema penal, intensificando a desigualdade social; a necessidade de o direito penal voltar-se para crimes de vitimização difusa. Também defendeu a descriminalização de condutas que ofenderiam apenas a moralidade pública e de ofensividade irrelevante.

3.8 Teoria behaviorista (comportamentalismo ou comportamentismo)

Parte da ideia de que o comportamento humano deve ser observado e, a partir daí, criar um mecanismo de estímulos e respostas (SAMPAIO FILHO, 2020).

O surgimento do termo behaviorismo (BOCK, FURTADO; TEIXEIRA, 2008) se deu através de John B. Watson, nos Estados Unidos, em 1913, por meio da publicação do artigo intitulado *Psicologia: como os behavioristas a veem*. Tratando o comportamento como objeto da psicologia, dava a esta ciência a consistência buscada pelos psicólogos da época.

Baseou-se (FREIRE, 2004) no estudo da psicologia animal para a elaboração de seus princípios, já que o estudo com animais permitia experiências não viáveis com seres humanos, tais como lesões nos órgãos sensoriais ou partes do cérebro visando identificar seus efeitos sobre o comportamento.

Assim o behaviorismo adotava métodos que o aproximavam das ciências físicas (naturalismo científico). Abolia-se o estudo de eventos extranaturais como consciência ou mente e buscava-se um modelo mecanicista, materialista, determinista e objetivo de ciência.

Watson (FREIRE, 2004) negaria todas as tendências inatas, sendo que o homem herdaria apenas as estruturas do corpo e seu funcionamento. Não haveria a herança de características mentais como inteligência, habilidades, instintos, talentos ou dons especiais. **Os diversos comportamentos seriam explicados a partir da influência do ambiente, sendo o condicionamento num sistema de estímulo e resposta o determinante comportamental, isto é, o indivíduo herdaria apenas características físicas e biológicas, mas o seu comportamento em sociedade seria fruto dos estímulos recebidos.**

Como bem explica Freire (2004), citando Watson:

> Deem-me uma dúzia de crianças sadias, de boa constituição e a liberdade de poder criá-las à minha maneira. Tenho a certeza de que, se escolher uma delas ao acaso e puder educá-la convenientemente, poderei transformá-la em qualquer tipo de especialista que eu queira: médico, advogado, artista, grande comerciante e até mesmo em mendigo e ladrão, independente de seus talentos, propensões, tendências, aptidões, vocações e da raça de seus ascendentes.

O que irá determinar o surgimento do criminoso são os estímulos que sofre ao longo da sua vida e, principalmente, durante a formação da sua moral.

Causas de natureza neurológica, psíquicas e conceptuais podem, no senso comum ou em abordagens mentalistas, ser atribuídas a determinadas condições de comportamento (SKINNER, 1971).

No behaviorismo o subjetivismo é desimportante. O que é importante é o ambiente. O conceito de ambiente, no entanto, é muito mais amplo do que na perspectiva watsoniana. Considera-se, neste contexto, o mundo sob a pele que consiste num fator extremamente relevante para determinação do comportamento dos indivíduos (SKINNER, 2006).

Na criminologia, o behaviorismo, apesar das críticas, afirma que o surgimento do criminoso é determinado pelos estímulos negativos do meio ambiente no indivíduo. Da mesma forma se propõe a modificar o comportamento do criminoso por meio de estímulos positivos.

Resumo

Sociologia criminal – As escolas sociológicas do crime	
	Teorias que fazem parte da chamada virada sociológica. Tentam explicar o crime através de fatores alheios às questões biológicas; não têm paradigmas etiológicos baseados na patologia individual.
Criminologia do consenso e do conflito	**Teoria do consenso** – A teoria do consenso ou teoria da integração (SHECAIRA, 2014, p. 128) – que tem corte funcionalista – tem como pressuposto que a sociedade tem por finalidade obter um funcionamento perfeito de suas instituições, de modo que os indivíduos obedeçam às regras sociais – isso porque a sociedade é formada por uma associação voluntária, onde os indivíduos partilham valores semelhantes, e, portanto, buscam a cooperação.
	Teoria do conflito – As teorias do conflito, por sua vez, afirmam que a ordem social se estabelece pela força e pela coerção[7], numa relação de dominação, onde muitas vezes os reclamos pelas mudanças são encarados de forma negativa, quando, na verdade, são as formas pelas quais uma sociedade evolui, avança.

---

[7] Excertos do livro de Paulo Nader (*Filosofia do direito*. 19. ed. Rio de Janeiro: Forense, p. 93): "Enquanto a coação é a força em ato, a coercibilidade é em potência. Tal distinção é básica, pois se a coação se manifesta apenas eventualmente, a coercibilidade é um estado permanente da ordem jurídica. (...) Uma parte do ordenamento jurídico, além de definir a conduta exigida, prevê sanções de diferentes tipos aos seus infratores. A sanção jurídica não se confunde com a coação. Esta é força, enquanto aquela é apenas determinação de penalidade, que pode ser aceita espontaneamente ou não pelos destinatários. Ocorrendo esta última circunstância, o aparato coativo do estado deverá ser acionado". Assim, o direito é fato social coercitivo (obrigatório) que pode se valer da coação (força) para se afirmar.

Sociologia criminal – As escolas sociológicas do crime	
Escola de Chicago e ecologia criminal	**É considerada uma teoria do consenso.** Representantes: Robert Park, Ernst Burgess, Clifford R. Shaw, Henry D. McKay. Propõe-se a explicar o crime por meio da interferência do meio ambiente. Degradação urbana da cidade como elemento do determinismo criminógeno. O objeto de investigações são as condições urbanas e sociais. O método utilizado é o empírico.
Teoria da Associação Diferencial	**É considerada uma teoria do consenso.** Segundo Edwin Sutherland, **a associação diferencial é o processo de aprender alguns tipos de comportamento desviante, que requer conhecimento especializado e habilidade, bem como a inclinação de tirar proveito de oportunidades para usá-las de maneira desviante.** No final dos anos 1930, Sutherland cunha a expressão *white collar crimes*[8], que passa a identificar os autores de crimes diferenciados, praticados pelas classes sociais mais altas, ligados, em regra, a criminalidade econômica.
Teoria da anomia	**É considerada uma teoria do consenso.** Anomia é uma palavra de origem grega, podendo ser traduzida como ausência de normas. A teoria da anomia insere-se dentro das famílias das teorias funcionalistas, as quais consideram a sociedade como um todo orgânico com uma articulação interna entre seus órgãos (indivíduos), e com a finalidade de se autopreservar e se reproduzir. Para Émile Durkheim, a anomia é ausência ou a desintegração das normas sociais, sempre que os mecanismos institucionais reguladores do bom comportamento social não cumpram sua função social. O crime é algo normal em toda sociedade e ajuda a sociedade a evoluir. A sociedade sem crime seria uma sociedade arcaica, que não evolui. Já Merton, defende que a discrepância entre estruturas culturais e sociais (estipulação de metas sociais, sem

---

[8]. Em tradução livre: crimes do colarinho branco.

Teoria da anomia	meios para que a maioria possa alcançá-la) gera anomia, o que incentiva o comportamento inovador (criminoso).
Teoria da subcultura delinquente	**É considerada uma teoria do consenso.** O criador dessa teoria foi o sociólogo norte-americano Albert K. Cohen e teve como marco o ano de lançamento de seu livro *Deliquent boys*, em 1955. A subcultura é uma cultura associada a sistemas sociais (incluindo subgrupos) e categorias de pessoas (tais como grupos étnicos) que fazem parte de sistemas mais vastos, como organizações formais, comunidades ou sociedades. O crime seria, para essa teoria, produto da cultura do subgrupo, que influencia ou impõe aos seus integrantes que se adequem ao comportamento próprio do grupo, por aceitação ou respeito.
Teoria do labelling approach	**É considerada uma teoria do conflito.** Também chamada de interacionismo simbólico, etiquetamento, rotulação ou reação social. É uma teoria do conflito. A teoria do etiquetamento rompeu paradigmas. Ela deu um giro profundo na forma de se analisar o crime. Deixou de centrar estudos no fenômeno delitivo em si e passou a focar suas atenções na **reação social**, no efeito criminógeno do sistema de repressão penal, em especial das prisões (como eles são catalisadoras da delinquência secundária e reincidência)[9]. **Labelling** é etiqueta e **approach** é posto no sentido de empreender, colocar. Logo, nesta seara de pensamento, a origem do crime estaria assentada no próprio processo de criminalização. **A tese central dessa corrente pode ser definida, em termos muito gerais, pela afirmação de que cada um de nós se torna aquilo que os outros veem em nós e, de acordo com essa mecânica, a prisão cumpre uma função reprodutora: a pessoa rotulada como**

---

[9]. Essa ideia não se inicia com os teóricos do *labelling approach*, essa teoria se inicia nos anos 1960. Uma série de outros estudiosos já abordaram o tema: Jeremy Bentham; Cesare Lombroso; Clifford Shaw.

Teoria do *labelling approach*	delinquente assume, finalmente, o papel que lhe é consignado, comportando-se de acordo com o mesmo. Todo o aparato do sistema penal está preparado para essa rotulação e para o reforço desses papéis.
Teoria do conflito	**É considerada uma teoria do conflito.** A teoria crítica, também chamada de teoria radical ou nova criminologia, é uma vertente que, como o nome diz, se propõe a criticar a própria criminologia, seguindo os ditames das teorias do conflito. Ela se propõe a questionar, antes de tudo, a sociedade capitalista como substrato do fenômeno criminal. A lei penal nada mais seria do que um reflexo da dominação, sendo que, na sociedade moderna, seria produto da relação entre burguesia (classe dominante) e proletariado (classe dominada). E, nesse jaez, critica-se até mesmo a teoria da rotulação social, pois esta evita discutir sobre as causas da desviação primária. Enfim, a abordagem criminológica só poderia avançar se reestruturada ou reformulada a sociedade capitalista, sendo um dos seus mais graves problemas a desigualdade social.
Neorretribucionismo (realismo de direita) x neorrealismo de esquerda	**Neorretribucionismo (realismo de direita).** Parte da premissa de que os pequenos delitos devem ser rechaçados, o que inibiria os mais graves (fulminar o mal em seu nascedouro), atuando como prevenção geral; os espaços públicos e privados devem ser tutelados e preservados. Exemplo: teoria das janelas quebradas (ou *Broken Windows Theory*). **Neorrealismo de esquerda.** A nomenclatura desta corrente visa transmitir duas ideias: o realismo em contraposição ao idealismo, sendo que este termo é associado à criminologia tradicional; de esquerda em contraposição ao realismo de direita, o qual se traduz nos movimentos conservadores de lei e ordem (*Law and Order*), programa de tolerância zero e teoria das janelas quebradas (*broken windows*). O neorrealismo de esquerda se opõe flagrantemente a essa política. Mas o estudo dela não é feito de forma comparativa. Vejamos os pontos defendidos por esta corrente: (a) acusam outras correntes da teoria crítica de focarem seus estudos mais em economia política

Neorretribucionismo (realismo de direita) x neorrealismo de esquerda	e teoria do Estado do que na própria criminologia; (b) defendem o retorno ao estudo da vítima; (c) defendem nova relação entre polícia e sociedade: que a polícia haja em conjunto e de acordo com os anseios setoriais de cada comunidade; que a polícia haja em defesa dos interesses da comunidade, e não do capitalismo; (d) defendem a descriminalização de certas condutas, e a criminalização daquelas que agridem a classe trabalhadora; e (e) defendem que a prisão continua necessária, mas somente para circunstâncias extremas.
Teoria minimalista (direito penal mínimo)	A nomenclatura deriva do objetivo de reduzir o direito penal em certas áreas (descriminalização de comportamentos que agridem a moralidade pública e delitos cometidos sem violência ou grave ameaça), defendendo **uma *prudente não intervenção* em face de alguns delitos cometidos, por entenderem que qualquer radical aplicação de pena pode produzir consequências mais gravosas quanto aos benefícios que poderia trazer.** O modo de alcançar esses objetivos seria reconhecer o norte minimizador conforme três postulados: **caráter fragmentário do direito penal; intervenção punitiva como *ultima ratio*; reafirmação da natureza acessória do direto penal.**
O abolicionismo	Como o nome fala, pretende abolir, acabar com o direito penal. Os abolicionistas afirmam que, assim como o sistema punitivo criminal foi construído pela vontade política da sociedade moderna, também pode ser desconstruído. Mas como fazer isso? Por quê? Essa pretensão é sustentada por críticas ao sistema penal, que em resumo, são: o sistema penal **só tem servido para legitimar e reproduzir as desigualdades e injustiças sociais,** sendo uma instância **seletiva e elitista.** Deslegitimação do sistema penal por sua ineficácia e função seletiva.

	Sociologia criminal – As escolas sociológicas do crime
Teoria behaviorista (comportamentalismo ou comportamentismo)	Parte da ideia de que o comportamento humano deve ser observado e, a partir daí, criar um mecanismo de estímulos e respostas (SAMPAIO FILHO, 2020). Watson (FREIRE, 2004) negaria todas as tendências inatas, sendo que o homem herdaria apenas as estruturas do corpo e seu funcionamento. Não haveria a herança de características mentais como inteligência, habilidades, instintos, talentos ou dons especiais. **Os diversos comportamentos seriam explicados a partir da influência do ambiente, sendo o condicionamento num sistema de estímulo e resposta o determinante comportamental, isto é, o indivíduo herdaria apenas características físicas e biológicas, mas o seu comportamento em sociedade seria fruto dos estímulos recebidos.** No behaviorismo o subjetivismo é desimportante. O que é importante é o ambiente. O conceito de ambiente, no entanto, é muito mais amplo do que na perspectiva watsoniana. Considera-se, neste contexto, o mundo sob a pele que consiste num fator extremamente relevante para determinação do comportamento dos indivíduos (SKINNER, 2006). Na criminologia, o behaviorismo, apesar das críticas, afirma que o surgimento do criminoso é determinado pelos estímulos negativos do meio ambiente no indivíduo. Da mesma forma se propõe a modificar o comportamento do criminoso por meio de estímulos positivos.

4

Vitimologia

4.1 Introdução

Vitimologia pode ser definida como o **estudo científico da extensão, natureza e causas da vitimização criminal**, suas consequências para as pessoas envolvidas e as reações àquela pela sociedade, em particular pela polícia e pelo sistema de justiça criminal, assim como pelos trabalhadores voluntários e colaboradores profissionais.

O termo "vitimologia" foi utilizado primeiro pelo psiquiatra americano Frederick Wertham, mas ganhou notoriedade com o trabalho de Hans von Hentig *The Criminal an his Victim*, de 1948. Hentig propôs uma abordagem dinâmica, interacionista, desafiando a concepção de vítima como ator passivo, sustentou que poderiam haver algumas características das vítimas que facilitariam a ocorrência de fatos ou condutas delituosas, devendo ainda ser analisada a relação entre vítima e agressor.

4.2 Conceito de vítima e noções fundamentais

O conceito de vítima mais difundido pela doutrina é aquele trazido por Edgard de Moura Bittencourt, que considera **vítima a pessoa que sofre diretamente a ofensa ou ameaça ao bem tutelado pelo direito.**

O conceito acima é o mais tradicional e o mais encontrado nas provas de concursos públicos. A crítica é que o conceito acima está demasiadamente ligado à dogmática penal e confunde o conceito de vítima com o conceito de sujeito passivo.

Para Antônio Beristain (2000, p. 192), por vítima deve-se entender um

> círculo de pessoas naturais e jurídicas mais amplo que o sujeito passivo da infração, incluindo-o, mas também suplantando-o. Vítimas são todas as pessoas naturais e jurídicas que, direta ou indiretamente, sofrem um dano notável – não basta qualquer dano, pois *de minimis non curat praetor* –, como consequência da infração.

Seguimos.

Para compreender melhor o estuda da vitimologia, é necessário o conhecimento de três noções fundamentais (HENTIG, 1948):

Primeiramente, a possibilidade de que uma mesma pessoa possa ser delinquente ou criminosa, segundo as circunstâncias, de maneira que comece no papel de criminoso e siga no de vítima, ou ao contrário. Possível também que uma mesma pessoa seja delinquente e vítima.

O exemplo trazido por parte da doutrina é de um jovem viciado que, para conseguir o dinheiro de que necessitam para comprar drogas, se vê compelido a cometer delitos contra a propriedade. Não gosto muito desse exemplo e vou tentar elaborar outro para melhor exposição. Em uma sociedade extremamente complexa como a nossa, é possível que uma mulher executiva de uma grande empresa pratique diversos crimes tributários (conduta criminosa) de forma habitual, dolosa e, ao mesmo tempo, sofra violência doméstica em sua casa. Assim, a figura da vítima ou do criminoso é dinâmica, e não estática.

A segunda noção é a "**vítima latente**", que inclui aquelas mulheres e aqueles homens que têm uma predisposição a tornarem-se vítimas, ou seja, uma certa atração para o criminal. Como afirma von Hentig (1948): "O indivíduo frágil, tanto entre os animais como entre as pessoas, é aquele que verossimilmente será vítima de um ataque. Alguns, como as crianças, os velhos, são frágeis fisicamente: outros, como as mulheres, pertencem ao sexo frágil, outros são frágeis de espírito".

Por fim, a terceira noção básica refere-se à **relação da vítima com o delinquente, relação que pode provocar uma inversão dos papéis do protagonismo**. A vítima pode ser o sujeito, mais ou menos desencadeante do delito.

4.3 Vítima e sujeito passivo. Desfazendo a confusão terminológica

Tradicionalmente, aprendemos com a doutrina penal que a expressão **vítima (ofendido)** refere-se unicamente ao sujeito passivo da infração. Essa ideia não representa qualquer problema no estudo do direito penal e está dogmaticamente correta.

Entretanto, à luz da atual doutrina vitimológica, por **vítima** deve-se entender um círculo de pessoas naturais e jurídicas mais amplo que o sujeito passivo da infração, incluindo-o, mas também suplantando-o (BERISTAIN, 2000, p. 192).

Vítimas são todas as pessoas naturais e jurídicas que, direta ou indiretamente, sofrem um dano notável – não basta qualquer dano, pois *de mini mis non curai praetor* – como consequência da infração.

No exemplo utilizado por Antônio Beristain, os membros do grupo terrorista ETA assassinam um funcionário – o médico — do cárcere de El Puerto de Santa Maria, depois de haver-lhe ameaçado por carta, naturalmente sua esposa e filhos são sujeitos passivos, vale dizer, vítimas diretas, em sentido restrito, do delito; mas também são vítimas indiretas e, em sentido amplo (mas verdadeiras vítimas desse delito), os outros médicos dos cárceres espanhóis que nesses dias haviam recebido cartas similares do ETA ameaçando-lhes, como ao médico assassinado.

Portanto, a compreensão criminológica de vítima é muito mais ampla do que a ideia de sujeito passivo da infração. Todo sujeito passivo é vítima, mas nem toda vítima é sujeito passivo.

A constatação acima nos leva a refletir sobre o papel do direito penal, que deveria tutelar as vítimas do delito e não apenas o sujeito passivo (em sentido estrito).

4.4 Evolução histórica

É inquestionável o valor que o estudo da vítima possui hoje para a **ciência total do direito penal**. A vítima passou por três fases principais na história da civilização ocidental (CALHAU, 2009).

1ª Fase: Fase de ouro. Vai desde os primórdios da civilização até o fim da alta idade média, período em que se destaca a autotutela e composição. **A valorização da vítima decorria da sua participação na administração da justiça.**

2ª Fase: Neutralização da vítima. Com o advento da modernidade e adjudicação do monopólio da aplicação da pretensão punitiva pelo Estado, diminuiu a importância da vítima. Ela sempre era tratada como uma testemunha desimportante, em razão de um suposto interesse na condenação dos acusados. O marco histórico inicial é a publicação do Código Penal francês.

3ª Fase: Valorização ou redescobrimento da vítima. Possui como marco o fim da 2ª Guerra Mundial, quando aparecem os primeiros estudos sobre vitimologia, com destaque aos realizados por Benjamim Mendelsohn e Hans von Henting. É uma resposta ética e social ao fenômeno multitudinário da **macrovitimização**, que atingiu especialmente judeus, ciganos, homossexuais, e outros grupos vulneráveis. Diversas normas internacionais foram criadas no período pós-guerra para tutelar os grupos vulneráveis e as minorias (um exemplo é a convenção sobre a Eliminação de todas as Formas de Discriminação contra a Mulher, de 1979), de modo que esse movimento internacional foi paulatinamente influenciando uma mudança no papel da vítima para a administração da justiça (exemplo dessa influência é a criação da Lei nº 11.340/2006, chamada de Lei Maria da Penha).

Com essa mudança, os estudos criminológicos da vítima foram se multiplicando na segunda parte do século XX, sendo fundada uma nova disciplina (ou ciência para alguns): a vitimologia.

4.5 Classificação das vítimas

Adotaremos aqui a classificação elaborada por Benjamín Mendelsohn, que é reproduzida por toda doutrina (MENDELSOHN, 2002).

O vitimólogo israelita fundamenta sua classificação na correlação da culpabilidade entre a vítima e o infrator. E o único que chega a relacionar a pena com a atitude vitimal. Sustenta que há uma relação inversa entre a culpabilidade do agressor e a do ofendido, a maior culpabilidade de um é menor que a culpabilidade do outro.

a) **Vítima completamente inocente ou vítima ideal:** é a vítima inconsciente que se colocaria em 0% absoluto na escala de Mendelsohn. E a que nada fez ou nada provocou para desencadear a situação criminal, pela qual se vê danificada. Ex.: incêndio.

b) **Vítima de culpabilidade menor ou vítima por ignorância:** neste caso se dá um certo impulso involuntário ao delito. O sujeito por certo grau de culpa ou por meio de um ato pouco reflexivo causa sua própria vitimização. Ex.: mulher que provoca um aborto por meios impróprios pagando com sua vida, sua ignorância.

c) **Vítima tão culpável como o infrator ou vítima voluntária:** aquelas que cometem suicídio jogando com a sorte. Ex.: roleta russa, suicídio por adesão a vítima que sofre de enfermidade incurável e que pede que a matem, não podendo mais suportar a dor (eutanásia) a(o) companheira(o) que pactua um suicídio; os amantes desesperados; o esposo que mata a mulher doente e se suicida.

d) **Vítima mais culpável que o infrator:**

- **Vítima provocadora:** aquela que, por sua própria conduta, incita o infrator a cometer a infração. Tal incitação cria e favorece a explosão prévia à descarga que significa o crime.
- **Vítima por imprudência:** é a que determina o acidente por falta de cuidados. Ex.: quem deixa o automóvel mal fechado ou com as chaves no contato.

e) **Vítima mais culpável ou unicamente culpável:**

- **Vítima infratora:** cometendo uma infração, o agressor torna-se vítima exclusivamente culpável ou ideal. Trata-se do caso de legítima defesa, em que o acusado deve ser absolvido.
- **Vítima simuladora:** o acusador que premedita e irresponsavelmente joga a culpa ao acusado, recorrendo a qualquer manobra com a intenção de fazer justiça num erro.

Em sua obra, Mendelsohn conclui que as vítimas podem ser classificadas em **três** grandes grupos para efeitos de aplicação da pena ao infrator, resumindo a classificação acima:

1. **Primeiro grupo:** vítima inocente – não há provocação nem outra forma de participação no delito, mas sim puramente vitimal.
2. **Segundo grupo:** estas vítimas colaboraram na ação nociva e existe uma culpabilidade recíproca, pela qual a pena deve ser menor para o agente do delito (vítima provocadora).
3. **Terceiro grupo:** nestes casos são as vítimas as que cometem por si a ação nociva e o não culpado deve ser excluído de toda pena.

4.6 Complexo criminógeno delinquente e vítima

Conforme leciona Nestor Sampaio Filho (2018), é de suma importância analisar a relação entre criminoso e vítima (par penal) para aferir o dolo e a culpa daquele, bem como a responsabilidade da vítima ou sua contribuição involuntária para o fato crime. Isso repercute na adequação típica e na aplicação da pena (art. 59 do CP). É inegável o papel da vítima no homicídio privilegiado, por exemplo. Nos crimes sexuais muitas vezes o autor é "seduzido" pela vítima, que não é tão vítima assim.

É consenso que existem pessoas que possuem o que chamamos na criminologia de "tendência delinquente", isto é, mais propícias do que outras para a prática de crimes (por diversos fatores distintos), é certo também que existem vítimas latentes ou potenciais.

Sustenta a doutrina que determinadas pessoas padecem de um impulso fatal e irresistível para serem vítimas dos mesmos crimes, impulso este ligado, muitas vezes, a sentimentos, paixões e outros estados da mente que influenciam no comportamento humano. Essa "tendência", muitas vezes, é causada por padrões de comportamentos sociais que descreem da criminalidade, em outras palavras, pode ser causada pela falta de cuidado no comportamento em sociedade. Um exemplo é um jovem que retorna da faculdade todos os dias sozinho, caminhando, em lugar com alto índice de roubo à pessoa. A descrença que poderá ser vítima, cria o cenário para sua caracterização.

4.7 Política criminal e tratamento da vítima

O estudo da vitimologia tem influenciado as políticas criminais adotadas por todos os países. Podemos citar a edição da Lei nº 11.340/2006 (Lei Maria da Penha), que refletiu a preocupação da sociedade brasileira com a violência doméstica contra a mulher.

No exterior, cada vez mais o direito penal se volta à vítima e à reparação do dano. Conclui-se, assim, que a valorização da vítima é uma tendência mundial. Realizando um estudo comparado, podem ser verificadas várias ações e procedimentos que visam à reparação de danos à vítima, como, por exemplo, no direito espanhol há a possibilidade de ser fixado o valor da reparação na própria sentença criminal.

Países como Bélgica, França, Itália, Alemanha e Espanha já contam com alguns programas de reparação dos danos causados às vítimas de delitos.

Juristas alemães aderiram às tendências do direito penal internacional e sugerem a criação de procedimentos de reparação, prévios ao processo, momento em que são reunidos a vítima, o infrator, o Ministério Público e o juiz, viabilizando a reconciliação através de um acordo de compensação (GOMES; MOLINA, 2008).

Na Nova Zelândia, desde 1963, existe um programa que auxilia a vítima do delito, o que representa um programa de compensação de responsabilidade pública. Bem como nos Estados Unidos existem mais de quinhentos programas assistenciais. Fundada em 1975, a Organização Nacional para Assistência (NOVA), sediada em Washington, é uma das mais antigas organizações no mundo na prestação de assistências às vítimas (CALHAU, 2003).

O modelo cubano de caixa de ressarcimento também vem sendo exemplo e países como o Peru e Bolívia já aderiram à medida.

No Canadá existem diversos programas de serviços de mediação comunitária, reconciliação e ajuda a vítimas de crimes sexuais (GOMES; MOLINA, 2008).

A Resolução n° 40/34 da ONU dispõe em seu art. 8°:

> Autores de crimes ou os terceiros responsáveis pelo seu comportamento deverão, sempre que necessário, fazer a restituição junto às vítimas, seus familiares ou dependentes. Tal reparação deve incluir a devolução de bens ou pagamento pelos danos ou prejuízos sofridos, o reembolso das despesas incorridas como resultado da vitimização, a prestação de serviços e o restabelecimento de direitos.

A busca por uma justiça criminal mais democrática é tendência em todo o mundo e só será alcançada com o aumento da participação da vítima. Cabe lembrar que a pacificação social é um dos escopos da jurisdição e é alcançada, ao menos em tese, com uma ampla participação das partes (conformação do vencido).

4.8 O *iter victimae* – O processo de vitimização

Como aponta Edmundo de Oliveira (2001), *iter victimae* é o caminho, interno e externo, que segue um indivíduo para se converter em vítima, o conjunto de etapas que se operam cronologicamente no desenvolvimento de vitimização. Ele faz um paralelo com o *iter criminis* para explicar o nascimento da vítima.

a) **Intuição (*intuito*)**: a primeira fase do *iter victimae* é a intuição, quando se planta na mente da vítima a ideia de ser prejudicado, hostilizada ou imolada por um ofensor.

b) **Atos preparatórios (*conatus remotus*)**: depois de projetar mentalmente a expectativa de ser vítima, passa o indivíduo à fase dos atos preparatórios (*conatus remotus*), momento em que desvela a preocupação de tornar as medidas preliminares para defender-se ou ajustar o seu comportamento, de modo consensual ou com resignação, às deliberações de dano ou perigo articulados pelo ofensor.

c) **Início da execução (*conatus proximus*)**: posteriormente, vem a fase do início da execução (*conatus proximus*), oportunidade em que a vítima começa a operacionalização de sua defesa, aproveitando a chance que dispõe para exercitá-la, ou direcionar seu comportamento para cooperar, apoiar ou facilitar a ação ou omissão aspirada pelo ofensor.

d) **Execução (*executio*)**: em seguida, ocorre a autêntica execução, distinguindo-se pela definitiva resistência da vítima para então evitar, a todo custo, que seja atingida pelo resultado pretendido por seu agressor, ou então se deixar por ele vitimizar.

e) **Consumação (*consummatio*) ou tentativa (crime falho ou conatus proximus)**: finalmente, após a execução, aparece a consumação mediante o advento do efeito perseguido pelo autor, com ou sem a adesão da vítima. Constatando-se a repulsa da vítima durante a execução, aí pode se dar a tentativa de crime, quando a prática do fato demonstrar que o autor não alcançou seu propósito (*finis operantis*) em virtude de algum impedimento alheio à sua vontade.

4.9 Vitimização primária, secundária e terciária

Ainda dentro do estudo do processo de vitimização, a doutrina trabalha com os conceitos de vitimização primária, secundária e terciária, muito importantes para as provas de concursos públicos.

4.9.1 Vitimização primária

A vitimização primária é normalmente entendida como aquela provocada pelos danos causados pelo crime, pela conduta violadora do bem jurídico tutelado pela norma penal – pode causar danos variados, materiais, físicos, psicológicos, de acordo com a natureza da infração, a personalidade da vítima, sua relação com o agente violador, a extensão do dano etc. Então, é aquela que corresponde aos danos à vítima decorrentes do crime.

4.9.2 Vitimização secundária

A vitimização secundária, também chamada de **sobrevitimização**, é o sofrimento adicional que a dinâmica da Justiça Criminal (Poder Judiciário, Ministério Público, polícias e sistema penitenciário), com suas mazelas, provoca normalmente nas vítimas. No processo penal ordinário e na fase de investigação policial, a vítima é tratada com descaso, e muitas vezes com desconfiança pelas agências de controle estatal da criminalidade.

Para ilustrar, imaginemos uma vítima de estupro que chega à Delegacia de polícia para noticiar o crime que passa horas para ser atendida e quando finalmente recebe o atendimento, este é feito de forma humilhante e degradante, sem qualquer respeito com a vítima. Caso ainda insista em noticiar o fato, a vítima vai passar por uma segunda etapa que é a realização do exame de corpo de delito, que muitas vezes é feito de forma igualmente humilhante.

Caso consiga fazer o referido exame, a vítima ainda tem uma nova etapa pela frente, a fase judicial da persecução penal. Não são raros os casos em que a vítima é exposta ao ridículo em audiências como perguntas impertinentes, como, por exemplo, se o réu ejaculou no momento da consumação do crime. Perceba que o próprio sistema de justiça faz com que a vítima reviva diversas vezes o que provavelmente foi o pior dia da sua vida.

4.9.3 Vitimização terciária

A vitimização terciária vem da falta de amparo dos órgãos públicos (além das instâncias de controle) e da ausência de receptividade social em relação à vítima. Especialmente diante de certos delitos considerados estigmatizadores, que deixam sequelas graves, a vítima experimenta um abandono não só por parte do Estado, mas, muitas vezes, também por parte do seu próprio grupo social (OLIVEIRA, 1999).

Não são raros os casos em que a mulher é considerada culpada por sofrer o crime contra a sua dignidade sexual, seja pela roupa que usa ou por supostamente "provocar" o criminoso. Assim, a rejeição causada pelo núcleo social em que está inserida, pelo seu namorado ou companheiro, que muitas vezes rompe o relacionamento, caracteriza a vitimização terciária.

4.10 Teorias vitimológicas

Por que algumas pessoas se tornam vítimas de crimes? Vamos tratar das três teorias e modelos teóricos mais consagrados pela doutrina: a teoria do desamparo aprendido; as teorias interacionistas e os modelos teóricos de orientação situacional. Importante dizer que essas teorias não tentam acusar a vítima e justificar o comportamento do criminoso, pelo contrário, são utilizadas para analisar o comportamento da vítima no fato criminoso (VIANA, 2018).

4.10.1 Teoria do desamparo aprendido

Um conhecido experimento realizado em 1965 pelo psicólogo Martin Seligman, da Universidade da Pensilvânia, pode servir de exemplo para explicar a definição. O experimento é simples e, para realizá-lo, ele utilizou como cobaias seus próprios cães.

Seligman fez o seguinte: separou os cães em dois grupos. Um dos grupos foi colocado em uma jaula na qual o chão estava conectado a uma corrente elétrica, que disparava de tempos em tempos pequenos choques, incômodos, mas de baixa intensidade. O outro grupo foi colocado em uma jaula idêntica, porém, havia um dispositivo onde eles conseguiam desligar o sistema que provocava os choques facilmente.

Assim, o segundo grupo podia desligar os choques, enquanto o primeiro grupo tinha que se acostumar com o incômodo.

Após um período inicial em que os cães ficaram acostumados às suas jaulas, Seligman mudou-os de ambiente, colocando-os em jaulas, com o mesmo sistema de choques, mas com uma barreira muito baixa, que qualquer um dos animais podia pular sem dificuldade. Enquanto o primeiro grupo – que não podia controlar os choques – simplesmente não saiu da jaula, o segundo grupo – que conseguia desligar os choques – agiu naturalmente e pulou a barreira para se livrar do incômodo.

Ou seja, o primeiro grupo aprendeu que não podia fazer nada e se acostumou tanto com aquela situação que, quando foi transportado para um outro local, com o mesmo incômodo, e já havia uma solução, a solução não era mais buscada. Os cães que ficaram no local onde não podiam desligar os choques ficaram como que depressivos, pararam de comer ou comiam muito pouco, não brincavam e nem buscavam copular.

Assim, com o experimento, podemos concluir que o desamparo constitui um déficit específico de uma resposta específica produzido pela exposição a estímulos aversivos incontroláveis específicos, quer dizer, os cães diminuem o seu comportamento ao terem sido expostos a estímulos aversivos (o choque) sobre o qual não tinham nenhum controle.

Essa teoria afirma que alguém que repetidamente se encontrou em uma situação traumatizante ou estava a essa submetido durante muito tempo pode – com seu término – reagir de um modo que não mais estará em condição de retomar um comportamento normal, isto é, de responder a situação de risco que futuramente se apresente e que, em tese, seria evitável.

4.10.2 Teorias interacionistas

É possível intuir pela nomenclatura, que é possível acoplar a teoria vitimológica a outra aplicável ao comportamento do autor, qual seja: a teoria interacionista[1]. Sustenta a teoria que o processo de vitimização pode ser explicado como resultado de uma equivocada interação da dupla autor-vítima. A doutrina cita dois grupos de casos: o primeiro, aqueles que expressam os "crimes com passado", isto é, os crimes que se desenvolveram a partir de uma "antiga" relação entre autor e vítima, a exemplo do assassinato de um ex-parceiro de relacionamento. O segundo, aquele grupo de casos que derivam das situações nas quais o autor realiza o comportamento porque interpretou equivocadamente o comportamento da vítima.

Assim, a teoria só é apta a explicar aqueles casos nos quais há relação (contato prévio; interação) entre o autor e a vítima, sendo imprestável para explicar os casos em que ausente a interação.

4.10.3 Modelos teóricos de orientação situacional

Por fim, tornar-se vítima de um crime pode ser a soma de diversos fatores, tais como o lugar, as circunstâncias. São os **modelos de oportunidade**, como alguns autores preferem chamar. Dentre esses modelos, dois são os mais importantes: do **estilo de vida** e o das **atividades rotineiras**.

O modelo teórico do estilo de vida parte do pressuposto de que a vitimização é explicada a partir dos diferentes estilos de vida que há entre vítimas e não vítimas. O risco de vitimização não está atrelado a fatores pessoais da vítima (biológicos, psicológicos), mas sim a fatores sociais. Isso transforma o risco de vitimização em algo seletivo: a probabilidade de ser vítima,

---

[1]. A experiência consistia na exposição de cães a choques elétricos sem permitir que esses pudessem escapar (jaulas fechadas, por exemplo). Depois de algum tempo, os animais perdiam a capacidade de desenvolver qualquer comportamento de fuga, ainda que pudessem fazê-lo. Cf. SAUTNER, Lyane. *Viktimologie*: die Lebre von Verbrechensopfern. Ôsterreich: Verlag Osterreich, 2014.

por exemplo, baseia-se na exposição do indivíduo a lugares e horários de alto risco, assim como nos contatos que podem existir com possíveis criminosos.

A perspectiva das **atividades rotineiras** foi desenvolvida a partir do modelo teórico anterior. As taxas de criminalidade não se relacionam com fatores, pessoais ou sociais, do criminoso ou da vítima, mas sim com as oportunidades que se desdobram das atividades cotidianas, como o trabalho, as férias, o lazer etc.

Para que a oportunidade se concretize em vitimização, é necessário que se dê a convergência dos seguintes fatores (VIANA, 2018):

- **motivação** criminal;
- **vítima (alvo) que**, simbólica ou materialmente, seja valorosa para o autor (vítima apropriada);
- ausência de eficazes mecanismos de proteção.

A esses três, outros dois foram adicionados por Felson, quais sejam:

- **ausência** de um **supervisor** íntimo (pessoa próxima ao ofensor capaz de neutralizar o seu potencial delitivo);
- o **comportamento do gestor do espaço** (formal, a exemplo da polícia; informal, a exemplo do porteiro ou vigilante).

Em resumo, todos os elementos acima, em maior ou menor grau, influenciam no processo de vitimização. Entretanto, não se trata de transferir para a vítima o protagonismo do fato criminoso, como se ela fosse a culpada por sua mazela, de forma nenhuma, o que se sustenta é que o criminoso pode encontrar um campo mais ou menos fértil para a prática do crime, a depender do tipo de vítima encontrada.

Resumo

Vitimologia

Introdução	Vitimologia pode ser definida como o estudo científico da extensão, natureza e causas da vitimização criminal, suas consequências para as pessoas envolvidas e as reações àquela pela sociedade, em particular pela polícia e pelo sistema de justiça criminal, assim como pelos trabalhadores voluntários e colaboradores profissionais.
Conceito de vítima e noções fundamentais	O conceito de vítima mais difundido pela doutrina é aquele trazido por Edgard de Moura Bittencourt, que considera **vítima a pessoa que sofre diretamente a ofensa ou ameaça ao bem tutelado pelo direito.** Para compreender melhor o estudo da vitimologia, é necessário o conhecimento de três noções fundamentais (HENTIG, 1948): **Primeiramente, a possibilidade de que uma mesma pessoa possa ser delinquente ou criminosa, segundo as circunstâncias, de maneira que comece no papel de criminoso e siga no de vítima, ou ao contrário.** É possível também que uma mesma pessoa seja delinquente e vítima. **A segunda noção é a "vítima latente"**, que inclui aquelas mulheres e aqueles homens que têm uma predisposição a tornarem-se vítimas, ou seja, uma certa atração para o criminal. Como afirma von Hentig: "O indivíduo frágil, tanto entre os animais como entre as pessoas, é aquele que verossimilmente será vítima de um ataque. Alguns, como as crianças, os velhos, são frágeis fisicamente; outros, como as mulheres, pertencem ao sexo frágil, outros são frágeis de espírito". Por fim, a terceira noção básica refere-se à **relação da vítima com o delinquente, relação que pode provocar uma inversão dos papéis do protagonismo.** A vítima pode ser o sujeito, mais ou menos desencadeante do delito.

Vitimologia	
Vítima e sujeito passivo. Desfazendo a confusão terminológica	Tradicionalmente, aprendemos com a doutrina penal que a expressão **vítima (ofendido)**, refere-se unicamente ao sujeito passivo da infração. Essa ideia não representa qualquer problema no estudo do direito penal e está dogmaticamente correta. Entretanto, à luz da atual doutrina vitimológica, por **vítima** deve-se entender um círculo de pessoas naturais e jurídicas mais amplo que o sujeito passivo da infração, incluindo-o, mas também suplantando-o (BERISTAIN, 2000, p. 192). Vítimas são todas as pessoas naturais e jurídicas que, direta ou indiretamente, sofrem um dano notável – não basta qualquer dano, pois *de mini mis non curai praetor* – como consequência da infração. Portanto, a compreensão criminológica de vítima é muito mais ampla do que a ideia de sujeito passivo da infração. Todo sujeito passivo é vítima, mas nem toda vítima é sujeito passivo.
Evolução histórica	É inquestionável o valor que o estudo da vítima possui hoje para a **ciência total do direito penal**. A vítima passou por três fases principais na história da civilização ocidental (CALHAU, 2009). **1ª Fase: Fase de ouro**. Vai desde os primórdios da civilização até o fim da alta idade média, período em que se destaca a autotutela e composição. **A valorização da vítima decorria da sua participação na administração da justiça.** **2ª Fase: Neutralização da vítima.** Com o advento da modernidade e adjudicação do monopólio da aplicação da pretensão punitiva pelo Estado, diminuiu-se a importância da vítima. Ela sempre era tratada como uma testemunha desimportante, em razão de um suposto interesse na condenação dos acusados. O marco histórico inicial é a publicação do Código Penal francês. **3ª Fase: Valorização ou redescobrimento da vítima.** Possui como marco o fim da 2ª Guerra Mundial, quando aparecem os primeiros estudos sobre vitimologia, com destaque aos realizados por Benjamim Mendelsohn e Hans von Henting. É uma resposta ética e social ao

Evolução histórica	fenômeno multitudinário da **macrovitimização**, que atingiu especialmente judeus, ciganos, homossexuais, e outros grupos vulneráveis.
Classificação das vítimas	Adotaremos aqui a classificação elaborada por Benjamín Mendelsohn, que é reproduzida por toda a doutrina (MENDELSOHN, 2002). **Vítima completamente inocente ou vítima ideal:** é a vítima inconsciente que se colocaria em 0% absoluto da escala de Mendelsohn. E a que nada fez ou nada provocou para desencadear a situação criminal, pela qual se vê danificada. Ex.: incêndio. **Vítima de culpabilidade menor ou vítima por ignorância:** neste caso se dá um certo impulso involuntário ao delito. O sujeito por certo grau de culpa ou por meio de um ato pouco reflexivo causa sua própria vitimização. Ex.: mulher que provoca um aborto por meios impróprios pagando com sua vida, sua ignorância. **Vítima tão culpável como o infrator ou vítima voluntária:** aquelas que cometem suicídio jogando com a sorte. Ex.: roleta russa, suicídio por adesão a vítima que sofre de enfermidade incurável e que pede que a matem, não podendo mais suportar a dor (eutanásia) a(o) companheira(o) que pactua um suicídio; os amantes desesperados; o esposo que mata a mulher doente e se suicida. **Vítima mais culpável que o infrator:** a) **Vítima provocadora:** aquela que por sua própria conduta incita o infrator a cometer a infração. Tal incitação cria e favorece a explosão prévia à descarga que significa o crime. b) **Vítima por imprudência:** é a que determina o acidente por falta de cuidados. Ex.: quem deixa o automóvel mal fechado ou com as chaves no contato. **Vítima mais culpável ou unicamente culpável:** a) **Vítima infratora:** cometendo uma infração, o agressor torna-se vítima exclusivamente culpável ou ideal. Trata-se do caso de legítima defesa, em que o acusado deve ser absolvido.

Classificação das vítimas	b) **Vítima simuladora:** o acusador que premedita e irresponsavelmente joga a culpa ao acusado, recorrendo a qualquer manobra com a intenção de fazer justiça num erro. Em sua obra, Mendelsohn conclui que as vítimas podem ser classificadas em **três** grandes grupos para efeitos de aplicação da pena ao infrator, resumindo a classificação acima: **Primeiro grupo:** vítima inocente: não há provocação nem outra forma de participação no delito, mas sim puramente vitimal. **Segundo grupo:** estas vítimas colaboraram na ação nociva e existe uma culpabilidade recíproca, pela qual a pena deve ser menor para o agente do delito (vítima provocadora). **Terceiro grupo:** nestes casos são as vítimas as que cometem por si a ação nociva e o não culpado deve ser excluído de toda pena.
Complexo criminógeno delinquente e vítima	Sustenta a doutrina que determinadas pessoas padecem de um impulso fatal e irresistível para serem vítimas dos mesmos crimes, que está ligado, muitas vezes, a sentimentos, paixões e outros estados da mente que influenciam no comportamento humano. Essa "tendência", muitas vezes, é causada por padrões de comportamentos sociais que descreem da criminalidade, em outras palavras, pode ser causada pela falta de cuidado no comportamento em sociedade. Um exemplo é um jovem que retorna da faculdade todos os dias sozinho, caminhando, em lugar com alto índice de roubo à pessoa. A descrença que poderá ser vítima, cria o cenário para sua caracterização.
Política criminal e tratamento da vítima	O estudo da vitimologia tem influenciado as políticas criminais adotadas por todos os países. Podemos citar a edição da Lei nº 11.340/2006 (Lei Maria da Penha), que refletiu a preocupação da sociedade brasileira com a violência doméstica contra a mulher. No exterior, cada vez mais o direito penal se volta à vítima e à reparação do dano.

Política criminal e tratamento da vítima	Juristas alemães aderiram às tendências do direito penal internacional e sugerem a criação de procedimentos de reparação, prévios ao processo, momento em que são reunidos a vítima, o infrator, o Ministério Público e o juiz, viabilizando a reconciliação através de um acordo de compensação (GOMES; MOLINA, 2008). A Resolução nº 40/34 da ONU dispõe em seu artigo 8º: "Autores de crimes ou os terceiros responsáveis pelo seu comportamento deverão, sempre que necessário, fazer a restituição junto às vítimas, seus familiares ou dependentes. Tal reparação deve incluir a devolução de bens ou pagamento pelos danos ou prejuízos sofridos, o reembolso das despesas incorridas como resultado da vitimização, a prestação de serviços e o restabelecimento de direitos".
O *iter victimae* – O processo de vitimização	Como aponta Edmundo de Oliveira (2001), *iter victimae* é o caminho, interno e externo, que segue um indivíduo para se converter em vítima, o conjunto de etapas que se operam cronologicamente no desenvolvimento de vitimização. Ele faz um paralelo com o *iter criminis* para explicar o nascimento da vítima. **Intuição (*intuito*)** – A primeira fase do *iter victimae* é a intuição, quando se planta na mente da vítima a ideia de ser prejudicada, hostilizada ou imolada por um ofensor. **Atos preparatórios (*conatus remotus*)** – Depois de projetar mentalmente a expectativa de ser vítima, passa o indivíduo à fase dos atos preparatórios (*conatus remotus*), momento em que desvela a preocupação de tomar as medidas preliminares para defender-se ou ajustar o seu comportamento, de modo consensual ou com resignação, às deliberações de dano ou perigo articulados pelo ofensor. **Início da execução (*conatus proximus*)** – Posteriormente, vem a fase do início da execução (*conatus proximus*), oportunidade em que a vítima começa a operacionalização de sua defesa, aproveitando a chance que dispõe para exercitá-la, ou direcionar seu comportamento para cooperar, apoiar ou facilitar a ação ou omissão aspirada pelo ofensor.

O *iter victimae* – O processo de vitimização	**Execução (*executio*)** – Em seguida, ocorre a autêntica execução, distinguindo-se pela definitiva resistência da vítima para então evitar, a todo custo, que seja atingida pelo resultado pretendido por seu agressor, ou então se deixar por ele vitimizar. **Consumação (*consummatio*) ou tentativa (crime falho ou *conatus proximus*)** – Finalmente, após a execução, aparece a consumação mediante o advento do efeito perseguido pelo autor, com ou sem a adesão da vítima. Constatando-se a repulsa da vítima durante a execução, aí pode se dar a tentativa de crime, quando a prática do fato demonstrar que o autor não alcançou seu propósito (*finis operantis*) em virtude de algum impedimento alheio à sua vontade.
Vitimização primária, secundária e terciária	A vitimização primária é normalmente entendida como aquela provocada pelos danos causados pelo crime, pela conduta violadora do bem jurídico tutelado pela norma penal – pode causar danos variados, materiais, físicos, psicológicos, de acordo com a natureza da infração, a personalidade da vítima, sua relação com o agente violador, a extensão do dano etc. Então, é aquela que corresponde aos danos à vítima decorrentes do crime. A vitimização secundária, também chamada de **sobrevitimização**, é o sofrimento adicional que a dinâmica da Justiça Criminal (Poder Judiciário, Ministério Público, polícias e sistema penitenciário), com suas mazelas, provoca normalmente nas vítimas. No processo penal ordinário e na fase de investigação policial, a vítima é tratada com descaso, e muitas vezes com desconfiança pelas agências de controle estatal da criminalidade. A vitimização terciária vem da falta de amparo dos órgãos públicos (além das instâncias de controle) e da ausência de receptividade social em relação à vítima. Especialmente diante de certos delitos considerados estigmatizadores, que deixam sequelas graves, a vítima experimenta um abandono não só por parte do Estado, mas, muitas vezes, também por parte do seu próprio grupo social (OLIVEIRA, 1999).

	Vitimologia
Teorias vitimológicas	**Teoria do desamparo aprendido** – Desenvolvida pelo norte-americano Martin Seligman (1975), sustenta que alguém que repetidamente se encontrou em uma situação traumatizante ou estava a essa submetido durante muito tempo pode – com seu término – reagir de um modo que não mais estará em condição de retomar um comportamento normal, isto é, de responder a situação de risco que futuramente a apresente e que, em tese, seria evitável. **Teorias interacionistas** – Sustenta a teoria que o processo de vitimização pode ser explicado como resultado de uma equivocada interação da dupla autor-vítima. A doutrina cita dois grupos de casos: o primeiro, aqueles que expressam os "crimes com passado", isto é, os crimes que se desenvolveram a partir de uma "antiga" relação entre autor e vítima, a exemplo do assassinato de um ex-parceiro de relacionamento. O segundo, aquele grupo de casos que derivam das situações nas quais o autor realiza o comportamento porque interpretou equivocadamente o comportamento da vítima. **Modelos teóricos de orientação situacional –** São os **modelos de oportunidade**, como alguns autores preferem chamar. Dentre esses modelos, dois são os mais importantes: do **estilo de vida** e o das **atividades rotineiras**. O modelo teórico do **estilo de vida** parte do pressuposto de que a vitimização é explicada a partir dos diferentes estilos de vida que há entre vítimas e não vítimas. O risco de vitimização não está atrelado a fatores pessoais da vítima (biológicos, psicológicos), mas sim a fatores sociais. Isso transforma o risco de vitimização em algo seletivo: a probabilidade de ser vítima, por exemplo, baseia-se na exposição do indivíduo a lugares e horários de alto risco, assim como nos contatos que podem existir com possíveis criminosos. A perspectiva das **atividades rotineiras** foi desenvolvida a partir do modelo teórico anterior. As taxas de criminalidade não se relacionam com fatores, pessoais ou sociais, do criminoso ou vítima, mas sim com as oportunidades que se desdobram das atividades cotidianas, como o trabalho, as férias, o lazer etc.

5

Prevenção criminal

5.1 Prevenção criminal no Estado Democrático de Direito

Com a queda do Estado Absolutista e o advento da modernidade, o Estado passou a monopolizar o uso da força e a aplicação da lei penal. Assim, o Estado se viu obrigado a direcionar esforços no que antes não era o seu problema: a prevenção criminal e a proteção de direitos.

Para Eugenio Raúl Zaffaroni, a função do direito penal de todo Estado de Direito (da doutrina penal como programadora de um exercício racional do poder jurídico) deve ser a redução e a contenção do poder punitivo dentro dos limites menos irracionais possíveis, isto é, o direito penal como remédio sancionador mais drástico, deve ser utilizado apenas quando os outros instrumentos sociais falharem (CALHAU, 2009, p. 90).

Cabe ao Estado promover a prevenção criminal, de modo a evitar a ocorrência dos crimes e o aumento da criminalidade. Entretanto, no Estado Democrático de Direito, **os fins não justificam os meios**, devendo ser os direitos fundamentais colocados a salvo de uma maioria de ocasião.

Sob um aspecto mais descritivo, é bom ressaltar que a **criminologia clássica** vê o delito como um enfrentamento do delinquente contra a sociedade, uma luta do bem contra o mal, numa forma reducionista de encarar o problema, já a **criminologia moderna** o encara de forma dinâmica, destacando o papel do delinquente, da vítima, do crime e do controle social.

Prevenção de crime é um conceito aberto. Para alguns é dissuadir o delinquente a não cometer o ato, para outros é mais, importa inclusive na modificação de espaços físicos, novos desenhos arquitetônicos, aumento da iluminação pública com o intuito de dificultar a prática do crime e para um terceiro grupo é apenas o impedimento da reincidência.

Para Eduardo Viana (2018, p. 396), prevenção é "O conjunto de medidas destinadas a **impedir** ou a **diminuir** o cometimento de delitos. Do ponto de vista menos intuitivo e mais científico, seria defensável afirmar que a ideia de prevenção abarca a integralidade das políticas sociais que visam impedir ou reduzir a delinquência" (grifos nossos).

Seguimos.

Importante ainda destacar que a prevenção criminal não se confunde com o controle social. Apesar da prevenção criminal se utilizar de diversos mecanismos para moldar comportamentos e evitar que o crime aconteça ou evitar o aumento da criminalidade, possui o **objetivo** direcionado ao seu fim, isto é, direciona as políticas públicas para o controle do crime, já o controle social busca influenciar tais indivíduos para que não pratiquem crimes.

Preciso é o exemplo trazido por Eduardo Viana (2018, p. 388),

> quando uma mãe diz para o seu filho: "É errado bater no irmão mais novo porque ele é mais fraco que você e só os

covardes agridem os mais fracos", ela está adotando uma medida de controle social (preventiva); se, ao revés, ela instala uma câmera de vigilância no quarto onde os irmãos dormem, ela está adotando uma medida de prevenção.

5.2 Prevenção primária

Prevenir significa **dispor com antecipação (algo) de modo que se evite mal ou dano; impedir**. Assim, a prevenção primária é a prevenção tradicional, aquela que possui objetivos de médio e longo prazo. Ela se dirige a toda população, é geral, demorada, com altos custos e abarca aquelas políticas públicas básicas como educação, emprego, moradia, segurança etc.; o raciocínio é bem simples: com o aumento na qualidade de vida das pessoas e no aumento das oportunidades para os jovens, o número de delinquentes tende a diminuir na medida em que o Estado proporciona ao jovem outras opções, outros caminhos, diminuindo a influência externa como elemento de determinação do surgimento do delinquente.

Para Antonio García-Pablos de Molina (1999, p. 882), os programas de prevenção primária se orientam para as causas mesmas, a raiz do conflito criminal, para neutralizar este antes que o próprio problema se manifeste. Tratam, pois, de criar pressupostos necessários ou de resolver as situações carenciais criminógenas, procurando uma socialização proveitosa e de acordo com os objetivos sociais.

A prevenção primária é a mais eficiente, mas possui fator que desestimula sua adoção pelos governantes. É que a prevenção primária é demorada, possui um alto custo, muitas vezes o resultado é contingente sob o aspecto de solucionar a criminalidade em uma determinada região e, além disso, os mandatos eletivos são temporários, o que faz com que os governantes optem por medidas de prevenção que aumentem a sua popularidade[1].

Além da dificuldade acima apresentada, é possível afirmar também que a prevenção primária tende a ser mais eficaz em sociedades menos complexas, porque nelas, segundo Émile Durkheim, o grupo está mais suscetível de partilhar os mesmos valores, a mesma moral. Essa consciência coletiva nas sociedades menos complexas é chamada por Durkheim de **solidariedade mecânica**.

A **solidariedade mecânica** (DURKHEIM, 1978) caracteriza-se pela coesão social por meio de laços tradicionais decorrentes do compartilhamento dos mesmos valores culturais responsáveis por determinar certo padrão moral a ser seguido.

Para ele, os valores morais, reforçados pelos séculos de tradição que se fortaleciam por meio dos laços familiares e dos costumes, seriam responsáveis por determinar uma série de regras que exigiriam determinado comportamento dos indivíduos, de modo que estes se adequassem às suas respectivas funções.

É possível perceber, na prática, que a construção de Durkheim, apesar de ter sido feita no final do século XIX, ainda é atual. Nas cidades do interior do nosso país, é possível perceber uma moral coletiva que não está presente nas grandes capitais.

Assim, podemos relacionar a eficácia da prevenção primária à existência de solidariedade mecânica, presente nas sociedades menos complexas.

---

[1] Muitos governadores preferem comprar viaturas policiais a investir em programas de prevenção primária, que, segundo eles, não dá retorno. Há um pensamento no meio político de que a população gosta de ver "a polícia na rua". Isso fica patente com as costumeiras e midiáticas solenidades de entrega de viaturas. Desviam o foco da população, enquanto setores como as perícias forenses no Brasil recebem parcos recursos e impossibilitam a prestação de uma solução definitiva por parte do Estado.

5.3 Prevenção secundária

A prevenção secundária é a prevenção setorial, direcionada às áreas de criminalidade, atua nos locais onde os índices de criminalidade são mais avançados. É uma atuação mais concentrada e corresponde, em regra, pela intervenção da polícia nas áreas de aumento da criminalidade revelada.

Uma observação importante, é que não podemos associar exclusivamente a prevenção secundária com a repressão policial. A prevenção secundária caracteriza-se pela intervenção nas áreas de criminalidade e, apesar de ser feita na maioria das vezes pela polícia, pode ser feita de diversas outras formas, inclusive com políticas públicas urbanística de alteração da estrutura física do local. O exemplo é a intervenção do Estado para melhorar a iluminação de uma área de alto índice de criminalidade.

Segundo Nestor Sampaio Filho (2018, p. 98): "Destina-se a setores da sociedade que podem vir a padecer do problema criminal e não ao indivíduo, manifestando-se a curto e médio prazo de maneira seletiva, ligando-se à ação policial, programas de apoio, controle das comunicações etc.".

Para Antonio García-Pablos de Molina (1999), os programas de prevenção secundária atuam mais tarde em termos etiológicos: não quando – nem onde – o conflito criminal se produz ou é gerado, mas quando e onde o mesmo se manifesta, quando e onde se exterioriza. Opera a curto e médio prazo, e se orienta de forma seletiva a concretos e particulares setores da sociedade: aqueles grupos e subgrupos que exibam maior risco de padecer ou protagonizar o problema criminal.

A prevenção secundária se plasma em uma política legislativa penal e em ação policial, fortemente polarizadas pelos interesses de uma prevenção geral. Programas de prevenção policial, de controle dos meios de comunicação, de ordenação urbana e utilização do desenho arquitetônico como instrumento de autoproteção, desenvolvidos em bairros localizados em terrenos mais baixos, são exemplos de prevenção secundária.

Um grande problema da prevenção secundária é a cifra negra, que é justamente, como já foi dito, o número de crimes não noticiados às instâncias de controle. Essa subnotificação dos crimes no país compromete a eficiência da prevenção secundária que, muitas vezes, não atua quando deveria.

Vou dar um exemplo da minha prática enquanto Delegado de polícia. Muitas vezes a população não notifica a polícia de que em um determinado local está ocorrendo o tráfico de drogas, por medo ou por conivência, não importa, o fato é que a polícia não toma conhecimento no primeiro momento. Com o passar do tempo o crime cresce no local, o tráfico de drogas se ramifica e se consolida no local, os criminosos adquirem novas armas e passam a dominar o território, nesse momento a polícia toma conhecimento. Perceba que teria sido muito mais eficaz a prevenção secundária se ela tivesse sido feita no início da atividade criminosa, o que não ocorreu pela ausência de notificação.

Assim, a prevenção secundária falhou diante da ocorrência do primeiro crime, mas caso as instâncias de controle tivessem sido notificadas, poderia evitar a instalação definitiva do tráfico naquela região.

Podemos ainda relacionar a prevenção secundária a chamada **solidariedade orgânica**.

Segundo Émile Durkheim, a **solidariedade orgânica** é o que caracteriza as sociedades complexas, sobretudo as capitalistas, pois há uma ampla divisão de tarefas e funções, o que leva a uma grande interdependência entre os indivíduos, em termos econômicos e tecnológicos, mas, acima de tudo, moral.

Essa interdependência dos indivíduos, que vivem juntos, porém separados, dificulta o enraizamento de valores sociais comuns, de um espírito social que possibilite a prevenção criminal por meio desses valores. Assim, resta ao Estado a prevenção secundária, haja vista a pouca eficácia da prevenção primária.

5.4 Prevenção terciária

Os programas de prevenção terciária possuem apenas um destinatário: a população carcerária e buscam evitar a reincidência (CALHAU, 2009). Existe uma discussão enorme na doutrina penal e na doutrina criminológica sobre os fins da pena, tema que vamos abordar em capítulo próprio.

Nas palavras de Nestor Sampaio Filho (2018, p. 89): **"Voltada ao recluso, visando sua recuperação e evitando a reincidência (sistema prisional)**; realiza-se por meio de medidas socioeducativas, como a laborterapia, a liberdade assistida, a prestação de serviços comunitários etc." (grifos nossos).

Parte da premissa de que o sistema prisional ao absorver um indivíduo recém-chegado, impõe a ele um conjunto de regras que regras não escritas, orais, altamente punitivas, desproporcionais e injustas que vão criar no indivíduo um estado de angústia.

Os programas de prevenção terciária lutam contra as regras desse universo e contra essa despersonalização do eu, que aflige muitos detentos. Através de punições formais e informais, ataques, violações morais e físicas, esse conjunto de regras busca despersonalizar o preso, despi-lo de sua humanidade e transformá-lo em objeto.

O indivíduo que supera esse calvário de dor e sofrimento ao fim da pena encontra outro obstáculo para os que frequentam esses programas. A sociedade não lhe dá emprego. Por mais que ele tenha se qualificado em oficinas nos presídios, o estigma de ex-presidiário lhe impinge uma marca moral e o impede de conseguir um emprego, ou melhores oportunidades sociais.

5.4.1 A prevenção terciária por meio da disciplina. A docilização dos corpos

Ora, se a prisão corporal é castigo, como seria capaz de exercer uma função de prevenção penal?

Como bem conceitua Eduardo Viana (2018), a prevenção terciária é "aplicada após o fenômeno criminal, orientando os criminosos já punidos com o intuito de reduzir a sua reincidência. Trata-se, portanto, de uma prevenção orientada à ressocialização e, portanto, à população carcerária".

A ideia é simples. A prisão impõe uma disciplina ao condenado, modificando sua forma de comportamento em sociedade e evitando que ele pratique novos crimes. Apesar dessa ideia ser largamente difundida quando tratamos dos fins da pena e da ressocialização, temos um elemento nesse discurso que merece destaque: **a disciplina**.

Em sua obra *Vigiar e punir* (1975), Michel Foucault trata da prisão como uma das formas de disciplina social, de tornar os corpos dos condenados "dóceis" ao trabalho e ao padrão estatal de comportamento.

Foucault inicia, em sua obra, o capítulo da disciplina com a imagem do soldado enquanto algo possível de se fabricar sobre o corpo humano: aquele que se produz a partir de um corpo inapto para se transformar em uma máquina útil. O corpo, até nas ciências, passa a ser algo que pode ser objeto do poder para sofrer transformações: é possível manipular, treinar, adestrar, fazer responder, tornar hábil, aumentar as forças e diminuir as fraquezas.

A despeito de não ser um conceito novo, diversas mudanças são sentidas: a escala, uma vez que não se trata mais de cuidar do corpo em massa, mas trabalhá-lo detalhadamente, aplicando, sem folga, uma coerção ao nível da mecânica, controlando-se dos pequenos gestos ao funcionamento como um todo. O objeto do controle passa a ser a economia – eficácia dos movimentos. Esse conjunto de relações operadas sobre o corpo para domá-lo é o que chamamos de "disciplina".

Diverge da escravidão, por exemplo, em que o poder se opera a partir da apropriação dos corpos. Aqui, não há apropriação do corpo, mas sua docilização. Diferencia-se também da domesticação ou vassalidade.

A "invenção" dessa nova anatomia política não surge do nada. É decorrente de um complexo de relações que inclui uma preparação anterior, desde os colégios, passando pelas escolas primárias, alcançam o espaço hospitalar – e os estudos realizados neles – e a própria organização militar.

A nova arte da disciplina se realiza pelos detalhes, operando o controle de cada aspecto mínimo da vida e do corpo, no quadro da escola, do quartel, do hospital ou da oficina, um conteúdo laicizado, uma racionalidade econômica ou técnica a esse cálculo místico do ínfimo e do infinito.

Quanto à arte das distribuições, afirma que um primeiro passo para a disciplina consiste em saber distribuir os indivíduos nos espaços. Para isso, diversas técnicas são úteis. Em alguns momentos, a disciplina exige a cerca enquanto obstáculo capaz de especificar um local, torná-lo heterogêneo a todos os outros e fechados em si mesmos. Entre tais espaços estão os ambientes de encarceramento, mas também outros mais sutis (colégios, quartéis, conventos).

Contudo, a clausura não é indissociável da disciplina. Existem técnicas mais flexíveis, como o princípio do quadriculamento (localização imediata) – cada indivíduo no seu lugar, e em cada lugar um indivíduo. Retira-se qualquer potencialidade que o coletivo pode oferecer de nocivo à disciplina. Baseia-se no isolamento do ser.

Por sua vez, a regra das localizações funcionais implica que há uma definição do uso de cada espaço. Lugares determinados para satisfazer a necessidade de vigiar e outras. A exemplo, os hospitais onde se operam as vigilâncias médicas, por meio do controle das epidemias e uma divisão de cada espaço (alas, corredores, salas) com um grande rigor.

Essa lógica evolui para os espaços das fábricas, sendo o quadriculamento responsável por distribuir os indivíduos de forma que se possa isolar cada um, mas também localizá-los, ao mesmo tempo em que deve funcionar para uma estrutura maior que é o aparelho de produção da fábrica. É preciso ligar a distribuição dos corpos, a arrumação espacial do aparelho de produção e as diversas formas de atividade na distribuição dos "postos".

Todos os elementos são intercambiáveis, pois cada um ocupa um lugar numa série, numa cadeia de lógica própria.

A unidade não é, portanto, nem o território (unidade de dominação), nem o local (unidade de residência), mas a posição na fila: o lugar que alguém ocupa numa classificação, o ponto em que se cruzam uma linha e uma coluna, o intervalo numa série de intervalos que se pode percorrer sucessivamente. A disciplina, arte de dispor em fila, e da técnica para a transformação dos arranjos. Ela individualiza os corpos por uma localização que não os implanta, mas os distribui e os faz circular numa rede de relações.

Essa formatação é sentida em diversos aspectos da vida moderna. A organização de um espaço serial foi uma das grandes modificações técnicas do ensino elementar, por exemplo. Saiu-se de um modelo em que cada aluno recebia a atenção individual do professor, enquanto os demais restavam no ócio, para o modelo de exposição, o que implicou na separação e classificação dos alunos (salas, turmas, anos, níveis) e dos professores (disciplinas, nível).

Avançamos, com isso, para uma segunda possibilidade para exercer uma microfísica do poder que chama de "celular". Nessa, após a disciplina da distribuição dos espaços, temos o controle da atividade.

A disciplina não é mais simplesmente uma arte de repartir os corpos, de extrair e acumular o tempo deles, mas de compor forças para obter um aparelho eficiente. Com isso, o corpo singular torna-se um elemento, que se pode colocar, mover, articular com outros, constituindo o corpo uma peça de uma máquina multissegmentar. São também peças as várias séries cronológicas que a disciplina deve combinar para formar um tempo composto.

Essa combinação cuidadosamente medida das forças exige um sistema preciso de comando. Toda a atividade do indivíduo disciplinar deve ser repartida e sustentada por injunções cuja eficiência repousa na brevidade e na clareza; a ordem não tem que ser explicada, nem mesmo formulada; é necessário e suficiente que provoque o comportamento desejado (adestramento).

A disciplina é uma técnica transformadora dos corpos e das almas dos indivíduos.

A disciplina "fabrica" indivíduos; ela é a técnica específica de um poder que torna os indivíduos ao mesmo tempo como objetos e como instrumentos de seu exercício.

Não é um poder triunfante que, a partir de seu próprio excesso, pode-se fiar em seu superpoderio.

É um poder modesto, desconfiado, que funciona a modo de uma economia calculada, mas permanente. Humildes modalidades, procedimentos menores, se os compararmos aos rituais majestosos da soberania ou aos grandes aparelhos do Estado.

Afirma Foucault (1999, p. 202):

> Na essência de todos os sistemas disciplinares, funciona um pequeno mecanismo penal. É beneficiado por uma espécie de privilégio de justiça, com suas leis próprias, seus delitos especificados, suas formas particulares de sanção, suas instâncias de julgamento. As disciplinas estabelecem uma "infrapenalidade"; quadriculam um espaço deixado vazio pelas leis; qualificam e reprimem um conjunto de comportamentos que escapavam aos grandes sistemas de castigo por sua relativa indiferença.

Em todas as instituições em que o poder disciplinar se mostra mais presente, existe um sistema de micropenalidade. Em sua maioria, este código de condutas e sanções está relacionado ao uso do tempo (chegar atrasado, sair antes, faltar), maneira de ser (grosseria, falta de respeito e desobediência), discursos (insolência, tagarelice), do corpo (atitudes incorretas, gestos inadmissíveis, sujeira), da sexualidade (imodéstia, indecência).

O castigo disciplinar tem a função de reduzir os desvios, sendo precipuamente corretivo. Tanto é que as penalidades, muitas vezes, são da ordem do exercício (aprendizado intensificado para quem não atinge o nível exigido, repetição excessiva do exercício não realizado).

Assim, Foucault relaciona a disciplina da prisão com uma ideia utilitarista dos indivíduos, no seu reaproveitamento social como mão de obra útil ao capitalismo. Em criminologia, passou--se a afirmar que a disciplina aplicada aos condenados tem a capacidade de alterar seu padrão de comportamento social e evitar a prática de novos crimes por aqueles que sofrem a disciplina.

Resumo

	Prevenção criminal
Prevenção criminal no Estado Democrático de Direito	Com a queda do Estado Absolutista e o advento da modernidade, o Estado passou a monopolizar o uso da força e a aplicação da lei penal. Assim, o Estado se viu obrigado a direcionar esforços no que antes não era o seu problema: a prevenção criminal e a proteção de direitos.
	Cabe ao Estado promover a prevenção criminal, de modo a evitar a ocorrência dos crimes e o aumento da criminalidade. Entretanto, no Estado Democrático de Direito, **os fins não justificam os meios**, devendo ser os direitos fundamentais colocados a salvo de uma maioria de ocasião.
	Sob um aspecto mais descritivo, é bom ressaltar que a **criminologia clássica** vê o delito como um enfrentamento do delinquente contra a sociedade, uma luta do bem contra o mal, numa forma reducionista de encarar o problema, já a **criminologia moderna** o encara de forma dinâmica, destacando o papel do delinquente, da vítima, do crime e do controle social.
	Importante ainda destacar que a prevenção criminal não se confunde com o controle social. Apesar da prevenção criminal se utilizar de diversos mecanismos para moldar comportamentos e evitar que o crime aconteça ou evitar o aumento da criminalidade, possui o **objetivo** direcionado ao seu fim, isto é, direciona as políticas públicas para o controle do crime, já o controle social busca influenciar tais indivíduos para que não pratiquem crimes.

	Prevenção criminal
Prevenção primária	Prevenir significa **dispor com antecipação (algo) de modo que se evite mal ou dano; impedir**. Assim, a prevenção primária é a prevenção tradicional, aquela que possui objetivos de médio e longo prazo. Ela se dirige a toda população, é geral, demorada, com altos custos e abarca aquelas políticas públicas básicas como educação, emprego, moradia, segurança etc.; o raciocínio é bem simples: com o aumento na qualidade de vida das pessoas e no aumento das oportunidades para os jovens, o número de delinquentes tende a diminuir na medida em que o Estado proporciona ao jovem outras opções, outros caminhos, diminuindo a influência externa como elemento de determinação do surgimento do delinquente.
Prevenção secundária	A prevenção secundária é a prevenção setorial, direcionada às áreas de criminalidade, atua nos locais onde os índices de criminalidade são mais avançados. É uma atuação mais concentrada e corresponde, em regra, pela intervenção da polícia nas áreas de aumento da criminalidade revelada. Uma observação importante é que não podemos associar exclusivamente a prevenção secundária com a repressão policial. A prevenção secundária caracteriza-se pela intervenção nas áreas de criminalidade e, apesar de ser feita na maioria das vezes pela polícia, pode ser feita de diversas outras formas, inclusive com políticas públicas urbanística de alteração da estrutura física do local. O exemplo é a intervenção do Estado para melhorar a iluminação de uma área de alto índice de criminalidade.
Prevenção terciária	Os programas de prevenção terciária possuem apenas um destinatário: a população carcerária e buscam evitar a reincidência (CALHAU, 2009). Existe uma discussão enorme na doutrina penal e na doutrina criminológica sobre os fins da pena, tema que vamos abordar em capítulo próprio. Nas palavras de Nestor Sampaio Filho (2018, p. 89): "**Voltada ao recluso, visando sua recuperação e evitando a reincidência (sistema prisional)**; realiza-se por meio de medidas socioeducativas, como a laborterapia, a liberdade assistida, a prestação de serviços comunitários etc." (grifos nossos).

Prevenção terciária	Parte da premissa de que o sistema prisional ao absorver um indivíduo recém-chegado, impõe a ele um conjunto de regras não escritas, orais, altamente punitivas, desproporcionais e injustas que vão criar no indivíduo um estado de angústia. Ora, se a prisão corporal é castigo, como seria capaz de exercer uma função de prevenção penal? Como bem conceitua Eduardo Viana (2018), a prevenção terciária é "**aplicada após o fenômeno criminal, orientando os criminosos já punidos com o intuito de reduzir a sua reincidência. Trata-se, portanto, de uma prevenção orientada à ressocialização e, portanto, à população carcerária**" (grifos nossos).
A prevenção terciária por meio da disciplina. A docilização dos corpos	A ideia é simples. A prisão impõe uma disciplina ao condenado, modificando sua forma de comportamento em sociedade e evitando que ele pratique novos crimes. Apesar dessa ideia ser largamente difundida quando tratamos dos fins da pena e da ressocialização, temos um elemento nesse discurso que merece destaque: **a disciplina.** Em sua obra *Vigiar e punir* (1975), Michel Foucault trata da prisão como uma das formas de disciplina social, de tornar os corpos dos condenados "dóceis" ao trabalho e ao padrão estatal de comportamento. Assim, Foucault relaciona a disciplina da prisão com uma ideia utilitarista dos indivíduos, no seu reaproveitamento social como mão de obra útil ao capitalismo. Em criminologia, passou-se a afirmar que a disciplina aplicada aos condenados tem a capacidade de alterar seu padrão de comportamento social e evitar a prática de novos crimes por aqueles que sofrem a disciplina.

6

Estatística criminal, cifra negra e prognóstico criminal

6.1 Estatística criminal

O empirismo mudou a maneira como se estuda o fenômeno criminoso. A análise do que realmente acontece é essencial para o estudo da criminologia e, para isso, foram desenvolvidos alguns métodos científicos que buscaram fazer um panorama real do crime na sociedade.

Essa atenção à estatística e ao empirismo se deu, inicialmente, com as mudanças impostas pela nova forma de pensar ocorridas no século XIX, a criminalidade e suas causas passaram a ser também uma preocupação e objeto de estudo. Nesse sentido, importante contribuição do matemático belga Quetelet[1], autor da escola cartográfica (verdadeira ponte entre

---

[1] Adolphe Quetelet ficou conhecido por desenvolver a **teoria das leis térmicas da criminalidade**, criador também da Estatística Criminal e autor da obra *Física social* (1835). Adolphe Quetelet estatui que se o tempo apresentar-se frio, o número de delitos contra o patrimônio recrudesce, enquanto reduz o número de crimes contra a pessoa. Isso ocorre porque, no inverno, há uma maior necessidade de busca pela sobrevivência humana, o que faz com que cresça o número de subtrações de bens. Porém, no verão, os delitos em desfavor da pessoa são levados a efeito com

clássicos e positivistas), **que estabeleceu o conceito de homem médio e alertou para a questão dos crimes não comunicados ao Poder Público (cifra negra)**.

Os criminólogos sustentam que, por intermédio das estatísticas criminais, pode-se conhecer o liame causal entre os fatores de criminalidade e os ilícitos criminais praticados.

Destarte, as estatísticas criminais servem para fundamentar a política criminal e a doutrina de segurança pública quanto à prevenção e à repressão criminais.

No entanto, é preciso ter cuidado ao analisar as estatísticas criminais oficiais, na medida em que há uma quantia significativa de delitos não comunicados ao Poder Público, quer por inércia ou desinteresse das vítimas, quer por outras causas, entre as quais os erros de coleta e a manipulação de dados pelo Estado.

Nesse sentido, convém diferenciar a **criminalidade real da criminalidade revelada e da cifra negra**: a primeira é a quantidade efetiva de crimes perpetrados pelos delinquentes; a segunda é o percentual que chega ao conhecimento do Estado; e a terceira, a porcentagem não comunicada ou elucidada.

Como subtipo da cifra negra, convém mencionar a denominada **cifra dourada**, isto é, as infrações penais praticadas pela elite, não reveladas ou apuradas, por exemplo, os crimes de sonegação fiscal, as falências fraudulentas, a lavagem de dinheiro, os crimes eleitorais etc. (SAMPAIO FILHO, 2020).

---

mais frequência em virtude do calor, o que torna as pessoas propensas à maior socialização e, por conseguinte, ao aumento do consumo de bebidas alcoólicas. Noutro giro, se se estiver no período da primavera, o quantitativo de crimes sexuais tende a ampliar. Tal se dá pelo fato de, nessa época, emergirem sensações favoráveis à manifestação da libido, segundo o autor.

6.2 Cifra negra e cifra dourada

Quantificar de forma correta os crimes cometidos em determinada sociedade é fator determinante para a correta elaboração das medidas político-criminais de combate à criminalidade. Apesar de ser uma afirmação quase unânime, na prática, não temos dado muita importância para os dados estatísticos, e ainda vemos uma certa desconfiança quanto à sua credibilidade. Fato é que apenas uma parcela dos crimes reais é registrada oficialmente pelas agências estatais de controle.

Ressalte-se que os dados somente se oficializam, em termos criminais, segundo uma lógica de atos tríplices:

Detecção do crime
Notificação
Registro em boletim de ocorrência

Antes de observar os crimes misteriosos ou ainda o comportamento omissivo das vítimas que não denunciam os crimes sofridos, é preciso analisar a forma como são coletadas as estatísticas criminais.

A atividade de segurança pública no Brasil foi delegada aos Estados (art. 144 da CF/1988), salvo os órgãos federais. Nesse sentido, cada ente federativo tem competência para organizar suas polícias (civil e militar). É importante ressaltar que, por força do art. 23 do Código de Processo Penal, a autoridade policial, ao relatar o inquérito policial e encaminhá-lo a juízo, deverá oficiar ao Instituto de Estatística para informar os dados do delito e do delinquente (em caso de indiciamento)[2].

[2.] Lembramos que o ofício ao instituto de estatística para informar os dados do delito em caso de indiciamento é incompatível, segundo a doutrina majoritária, com o rito dos crimes de menor potencial ofensivo, que prevê, no seu art. 76, § 4°, da Lei

Assim, cada Estado tem um órgão central de coleta e apresentação das estatísticas oficiais de crime, para receber os dados provenientes da polícia, que os compila de duas maneiras: ou por ação direta ou pelo relato de vítimas e/ou testemunhas.

Dessa forma, a estatística oficial pode estar contaminada por alguns equívocos. É sabido que governantes inescrupulosos determinam a manipulação das estatísticas de criminalidade, com propósitos eleitoreiros.

Trata-se de uma maneira sórdida de mascarar os verdadeiros índices de criminalidade para demonstrar a falsa ideia de que a política de governo está sendo conduzida eficientemente na seara da segurança pública. Sabe-se que o aumento contínuo da criminalidade provoca clamor público e, o que é pior, a insatisfação perante os órgãos de justiça e polícia, levando a uma situação de fracasso governamental em face da opinião pública. Como no Brasil os órgãos que elaboram as estatísticas são públicos (vinculados a Ministérios ou secretarias de Estado), suas compilações estarão sempre sujeitas a pressões políticas e, portanto, postas sob a pecha de suspeição.

De outra banda, há que registrar que muitos delitos são registrados erroneamente, por falha da polícia, além da manipulação às avessas, isto é, reduz-se o índice de criminalidade por meio do aumento de casos esclarecidos e da diminuição de casos registrados oficialmente.

Por derradeiro, há uma série expressiva de delitos não comunicados pelas vítimas às autoridades. Várias são as razões que as levam a isso: (1) a vítima omite o ato criminoso por ver-

---

nº 9.099/1995, que o fato será registrado apenas para impedir a concessão de nova transação penal.

gonha ou medo (crimes sexuais); (2) a vítima entende que é inútil procurar a polícia, pois o bem violado é mínimo (pequenos furtos); (3) a vítima é coagida pelo criminoso (vizinho ou conhecido); (4) a vítima é parente do criminoso; (5) a vítima não acredita no aparato policial nem no sistema judicial etc.

Nesse sentido, a expressão **cifra negra** (zona obscura, *dark number* ou *ciffre noir*) refere-se à porcentagem de crimes não solucionados ou punidos, à existência de um significativo número de infrações penais desconhecidas "oficialmente" (ROSA, 2019).

Isso traz por consequência uma espécie de eleição de ocorrências e de infratores. O sistema penal, assim, acaba por se "movimentar" apenas em determinados casos, de acordo com a classe social a que pertence o autor do crime.

Em se tratando especificamente da criminalidade das classes privilegiadas, surge a **cifra dourada. Trata-se dos crimes denominados de "colarinho branco", tais como as infrações contra o meio ambiente, contra a ordem tributária, o sistema financeiro, entre outros, que se contrapõem aos considerados "crimes de rua"** (furto, roubo etc.).

Sustenta Eduardo Luiz Santos Cabette (2007), com apoio em vasta doutrina, a existência de uma **cifra dourada,** que "**representa a criminalidade de 'colarinho branco', definida como práticas antissociais impunes do poder político e econômico (em nível nacional e internacional), em prejuízo da coletividade e dos cidadãos e em proveito das oligarquias econômico-financeiras**" (grifos nossos).

Teríamos, assim, duas falhas em nossas estatísticas: **a cifra negra** (representada pela ausência de dados dos crimes de rua, como furtos, roubos, estupros etc.) e a **cifra dourada** (ausência de registro dos crimes políticos, ambientais, de corrupção etc.).

Em sua obra, Eduardo Viana (2018) relaciona a natureza da criminalidade com a espécie de cifra:

| Criminalidade tradicional | Cifra negra |
| Criminalidade econômica | Cifra dourada |

Nas palavras do autor:

> A **criminalidade oculta** relaciona-se com duas modalidades de criminalidade: a criminalidade tradicional e a criminalidade econômica. Na primeira hipótese, temos as cifras negras; na segunda, as cifras douradas. Segundo Aniyar de Castro, a **cifra negra** representa a diferença entre a **criminalidade real (quantidade de delitos cometidos em um tempo e lugar determinados)** e a **criminalidade aparente (criminalidade conhecida pelos órgãos de controle)**. A título de exemplo, basta imaginar quantos crimes de aborto ocorrem e quantos chegam ao conhecimento das agências de controle formal. Por outro lado, as **cifras douradas** da criminalidade, na denominação de **Versele**, "representam a criminalidade do 'colarinho branco', definida como práticas antissociais impunes praticadas por aqueles que detêm o poder político e econômico (em nível nacional e internacional), em prejuízo da coletividade e dos cidadãos e em proveito das suas oligarquias econômico-financeiras". (Grifos nossos.)

De lege ferenda, mostra-se imprescindível a criação de uma **agência independente**, sem vínculos governamentais, com atribuições legais de controle e levantamento dos dados referentes à criminalidade, além da estabilidade de seus dirigentes.

6.3 Cifras cinzas, amarelas, verdes e rosas

As cifras mais corriqueiras em provas de concurso são, sem dúvida, as cifras negras e douradas. Entretanto, tentando esgotar o tema, trouxe as outras cifras utilizadas pela doutrina pátria para mapear o fenômeno da criminalidade.

As **cifras cinzas** são resultados daquelas ocorrências que até são registradas, porém não se chega ao processo ou ação penal por serem solucionadas na própria Delegacia de polícia, seja por existir a possibilidade de conciliação das partes, evitando, assim, uma futura denúncia, processo ou condenação elucidando ou solucionando o fato, como também por desistência da própria vítima em não querer mais fazer a representação do B.O. registrado por alguma razão não chegando aos tribunais.

A cifra cinza, por seu turno, representou a orientação de pesquisas e de relatórios policiais para a afirmação do poder policial como estrutura mediadora ou rede horizontal de resolução de conflitos e instância de decisão jurídica e exercício do poder soberano de subtração de vida, independente do controle do Estado e da Sociedade.

Conforme a ideia do professor Rogério Renó[3], cita por MrProcarion: "É quando a denúncia foi realizada, porém não foi terminada, por exemplo: foi denunciada, foi feito um Inquérito, mas por algum procedimento aleatório o processo acaba não sendo concluído, não acaba sendo levado a frente".

As **cifras amarelas** são aquelas em que as vítimas são pessoas que sofreram alguma forma de violência cometida por um funcionário público e deixam de denunciar o fato aos órgãos responsáveis por receio, medo de represália.

[3.] Disponível em: https://www.youtube.com/watch?v=bk8nLhn7QW4. Acesso em: 26 mar. 2015.

> Defende-se aqui a hipótese de que há uma cifra amarela, um número considerável de violências policiais contra a sociedade que, por temor de retaliações ou de uma prática vingativa por parte da corporação, não realizam as denúncias. A cifra amarela seria a somatória entre as denúncias feitas na Corregedoria da Polícia Militar e/ou Ministério Público e o número de ações violentas cometidas pela polícia contra a sociedade e não explicitadas, inscrevendo pessoas infames (FOUCAULT, 1990) no cruzamento com o poder como violentados (PASSETTI, 1995). (PASSETTI, 2004)

Uma observação importante é que a classificação das cifras em cinzas e amarelas não é unânime na doutrina. Para Nestor Sampaio Filho (2020, p. 52), as cifras cinzas e amarelas integram as cifras douradas. Nas palavras do autor: "Data vênia, entendemos que tais fatos não deixam de integrar a denominada **cifra dourada** de criminalidade (crimes praticados por indivíduos de certa posição social)" (grifos nossos).

As **cifras verdes** consistem nos crimes que não chegam ao conhecimento policial e que a vítima diretamente destes é o meio ambiente, como exemplo: maus tratos, ferir ou mutilar animais silvestres, domesticados, pichações de paredes, monumentos históricos, prédios públicos; fato que quando se nota o dano causado, fato consumado, há grande dificuldade de se identificar a autoria por não se encontrar mais no local dos fatos quem o praticou, estando assim isento da punição (pena) pelo crime praticado.

Por fim, **as cifras rosas** são essencialmente os crimes de caráter homofóbico que não chegam ao conhecimento do Estado.

Em resumo:

Cifra cinza	São resultados daquelas ocorrências que até são registradas, porém não se chega ao processo ou ação penal por serem **solucionadas na própria Delegacia de polícia**.
Cifra amarela	São aquelas em que as vítimas são pessoas que **sofreram alguma forma de violência cometida por um funcionário público** e deixam de denunciar o fato aos órgãos responsáveis por receio, medo de represália.
Cifra verde	Consiste nos crimes que não chegam ao conhecimento policial e que **a vítima diretamente destes é o meio ambiente**.
Cifra rosa	Crimes de **caráter homofóbico** que não chegam ao conhecimento do Estado.

6.4 Técnicas de investigação da cifra negra

As cifras negras, ou campo obscuro da criminalidade, são uma preocupação histórica dos criminólogos.

Desde a criminologia tradicional já se acentuava a necessidade de investigar os delitos que não eram comunicados às instâncias de controle do Estado. A maior crítica feita à criminologia tradicional, de cunho positivista, direcionava-se no sentido de que os estudos estatísticos levavam em conta apenas a população de encarcerados.

Assim, o erro maior era procurar atribuir ao criminoso "fichado" os índices reais de delinquência. Ocorre que isso fugia à realidade sensível, pois inúmeros delitos deixavam de ser comunicados ou apurados pelos órgãos do Estado.

Acentua, com severa crítica, Alessandro Baratta (CERVINI, 2002) que: "**O sistema só pode aplicar sanções penais previstas pela lei a um percentual dos reais infratores que,** numa média relativa a todas as figuras delitivas, nas sociedades centrais, não é superior a um por cento" (grifos nossos).

É evidente que os estudos sobre criminosos incidem, majoritariamente, nas populações carcerárias, e isso facilita uma visão distorcida da realidade criminal, conduzindo o pesquisador aos erros decorrentes do *labelling approach* (os criminosos são etiquetados ou rotulados como tais pela sociedade).

Na verdade, o crime é um fenômeno generalizado na sociedade; não só os etiquetados, desviados ou bandidos violam as leis. Ainda que a maioria das condenações penais recaia sobre eles, existem grupos sociais que usufruem de uma impunidade virtual.

Muitas investigações, desenvolvidas sobretudo nos Estados Unidos e na Europa escandinava, demonstram que o risco de prisão aumenta sensivelmente em razão inversa à da situação econômica do acusado. Isso é corolário da chamada cifra dourada ou impunidade dos delitos de colarinho branco. Os crimes econômicos, por exemplo, não criam carreiras criminais e não estigmatizam seus autores. O estigma de delinquente é sentido no criminoso pobre, no proletário, que cresce em ambiente hostil e precário, divorciado das condições econômicas e afetivas de inserção social, transformado em adulto instável e marginalizado na comunidade.

Diante desse cenário, numerosos estudos foram realizados para detectar a real cifra negra de criminalidade. Os processos empregados são variados, na medida em que se pretende reduzir ao máximo a margem de erro.

Assim, segundo Nestor Sampaio Filho (2020), são propostas as seguintes **técnicas de investigação da cifra negra**:

a) investigação em face dos autores ou técnica de autodenúncia;

b) investigação em face de vítimas;
c) investigação em face de informantes criminais;
d) sistema de variáveis heterogêneas;
e) técnica do segmento operativo destinado aos agentes de controle formal (polícia e tribunais).

A **investigação em face de autores de crime (autodenúncia)** realiza-se com o interrogatório de pessoas em geral acerca dos fatos criminosos cometidos, resultando deles ou não o processo penal. As falhas aqui existentes levam em conta a amostragem populacional e o grau de sinceridade dos interrogados, variando de acordo com o grau de cultura e cidadania do povo.

Já **a investigação em face de vítimas de delitos** traz uma vertente diferenciada, pois são interrogadas pessoas em geral que tenham suportado algum tipo de crime. Aqui também se procura a causa da não comunicação ou não indiciação dos implicados, variando da tipologia penal (estupros) à participação da vítima (jogos de azar) e mesmo à cumplicidade (favorecimento pessoal), o que pode induzir o investigador a erro. Aliás, é sabido que muitas vítimas não denunciam certos crimes por medo de represálias, por não considerar grave a conduta lesiva, por não confiar na polícia e na justiça; por serem novamente vitimizadas pelo sistema etc.

A **investigação em face de informantes criminais** tem a vantagem de apresentar uma amostragem de terceiras pessoas de forma muito desinibida e confiável. Todavia, da mesma maneira que a autodenúncia, muitos informantes são criminosos que vivem da delação alheia, alimentados pela mecânica do sistema, de sorte que esse método pode muitas vezes significar um exercício de revanchismo ou retraimento (cúmplices).

O **sistema de variáveis heterogêneas** impõe três níveis de controle informático, quais sejam: a análise da cifra negra dos delitos leves, que é maior em razão dos crimes graves; a tendência à autocomposição das vítimas nos delitos leves, a variação dos métodos de análise de país para país.

Por derradeiro, **a técnica do segmento operativo dos agentes de controle formal** (polícia e tribunais) muda o foco e direciona seus estudos no sentido de pesquisar as causas reais de vulnerabilidade e de disfunções do Sistema Criminal. Todos os órgãos do Sistema Criminal intervêm num processo de filtração por etapas, pois grande parcela de vítimas não denuncia os crimes que sofreram à polícia; esta, por sua vez, não instaura todas as investigações necessárias, não transmitindo a juízo tudo o que apurou; e os tribunais, por seu turno, arquivam boa parte das investigações sob o manto do garantismo penal (SAMPAIO FILHO, 2020).

6.5 Prognóstico criminológico e reincidência

A expressão prognóstico possui origem no grego *prognōstikós* e significa "que concerne ao conhecimento do que deve acontecer", é uma projeção do que deve acontecer naquelas circunstâncias.

Em criminologia, o prognóstico criminológico orienta o estudo das causas da reincidência, que será sempre contingente, pode ocorrer ou não (SAMPAIO FILHO, 2020, p. 76).

Segundo a classificação proposta por Nestor Sampaio Filho (2020, p. 76-77), os **prognósticos criminais** podem ser clínicos e estatísticos.

6.5.1 Prognósticos clínicos

São aqueles em que se faz um detalhamento do criminoso, por meio da interdisciplinaridade: médicos; psicólogos, assistentes sociais etc.

6.5.2 Prognósticos estatísticos

São aqueles baseados em tabelas de predição, que não levam em conta certos fatores internos e só servem para orientar o estudo de um tipo específico de crime e de seus autores (condenados). Nesse contexto, é bom ter em mira o **índice de criminalidade** (vários fatores), pois devem ser levados em conta os fatores psicoevolutivos, jurídico-penais e ressocializantes (penitenciários).

- Os **fatores psicoevolutivos** levam em conta a evolução da personalidade do agente, compreendendo: (a) doenças graves infanto-juvenis com repercussão somático-psíquica; (b) desagregação familiar; (c) interrupção escolar ou do trabalho; (d) automanutenção precoce; (e) instabilidade profissional; (f) internação em instituição de tratamento para menores; (g) fugas de casa, da escola etc.; (h) integração com grupos improdutivos; (i) distúrbios precoces de conduta; (j) perturbações psíquicas.

- Os **fatores jurídico-penais** desenham a vida delitiva do indivíduo, compreendendo: (a) início da criminalidade antes dos 18 anos; (b) muitos antecedentes penais e policiais ("folha corrida"); (c) reincidência rápida; (d) criminalidade interlocal; (e) quadrilhas (facções criminosas), qualificadoras ou agravantes; (f) tipo de crime (contra o patrimônio, os costumes, a pessoa).

- Os **fatores ressocializantes** dizem respeito ao aproveitamento das medidas repressivas, embora no Brasil as instituições penitenciárias sejam, em regra, verdadeiras pocilgas, que funcionam como "universidade criminosa", tamanho o desrespeito aos direitos mínimos do homem. Registrem-se: (a) inadaptação à disciplina carcerária e às regras prisionais; (b) precário ou nulo ajuste ao trabalho interno; (c) péssimo aproveitamento escolar e profissional na cadeia; (d) permanência nos regimes iniciais de pena.

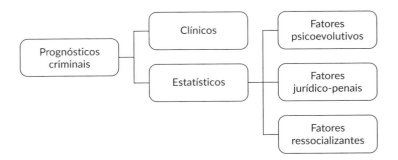

Em direito penal, valendo-se dos estudos criminológicos, Juarez Cirino dos Santos (2012, p. 530-533) tece duras críticas à reincidência como agravante. O raciocínio é simples: se o Estado, por meio da prevenção especial positiva, não consegue ressocializar o agente, não poderia puni-lo por sua ineficiência.

O reconhecimento oficial da "ação criminógena" do cárcere, demonstrada pela pesquisa criminológica universal, exige redefinição do conceito de reincidência criminal, excluindo a hipótese formal irrelevante da reincidência ficta, incapaz de indicar a indefinível presunção de periculosidade, e definindo a situação concreta relevante da reincidência real como produto da ação criminógena da execução da pena (e do processo de criminalização) sobre o condenado, por falha do projeto técnico-corretivo da prisão.

A questão é simples: **se** a prevenção especial positiva de correção do condenado é ineficaz, e **se** a prevenção especial negativa de neutralização do condenado funciona, realmente, como prisionalização deformadora da personalidade do condenado, **então** a reincidência real não pode constituir circunstância agravante.

É necessário reconhecer:

a) se novo crime é cometido após a passagem do agente pelo sistema formal de controle social, com efetivo cumprimento da pena criminal, o processo de deformação e embrute-

cimento pessoal do sistema penitenciário deveria induzir o legislador a incluir a reincidência real entre as circunstâncias atenuantes, como produto específico da atuação deficiente e predatória do Estado sobre sujeitos criminalizados;
b) se novo crime é cometido após simples formalidade do trânsito em julgado de condenação anterior, a reincidência ficta não indica qualquer presunção de periculosidade capaz de fundamentar circunstância agravante.

Em conclusão, nenhuma das hipóteses de reincidência real ou de reincidência ficta indica situação de rebeldia contra a ordem social garantida pelo direito penal: a reincidência real deveria ser circunstância atenuante e a reincidência ficta é, de fato, um indiferente penal.

Além disso, a reincidência (ficta ou real) significa dupla punição do crime anterior: a primeira punição é a pena aplicada ao crime anterior; a segunda punição é o *quantum* de acréscimo obrigatório da pena do crime posterior, por força da reincidência.

A literatura e jurisprudência brasileiras dominantes, apesar de reconhecer a maioria desses problemas, agravam a pena com base na reincidência, considerando alguns pressupostos para determinar o *quantum* da agravação: a execução da pena anterior, o espaço de tempo entre o crime anterior e o novo crime (respeitada a prescrição da reincidência), a relação de gravidade entre os crimes etc.

Área de influência. Dados empíricos indicam que a reincidência é a circunstância agravante mais frequente, incidente em 97,37% dos casos.

A influência irracional da reincidência criminal exclui, reduz ou afeta de modo inconstitucional ou ilegal muitos direitos individuais:

a) constitui circunstância agravante obrigatória (art. 61, I, CP);
b) determina regime inicial fechado para execução da pena privativa de liberdade (art. 33, § 2°, b, CP): dados de pesquisa indicam esse efeito em 33,9% dos casos;
c) determina regime inicial semiaberto em hipóteses de regime aberto (art. 33, § 2°, c, CP): dados de pesquisa indicam esse efeito em 43,5% dos casos;
d) exclui a suspensão condicional da pena em crimes dolosos (art. 77, I, CP);
e) impede a substituição de pena privativa de liberdade por pena restritiva de direitos ou multa (arts. 44, II, e 60, § 2°, CP) – esse efeito desastroso ocorre em 85,5% dos casos, segundo dados empíricos;
f) constitui circunstância preponderante, na concorrência de circunstâncias agravantes e atenuantes (art. 67, CP);
g) amplia os prazos do livramento condicional (art. 83, CP) e da prescrição da pretensão executória (art. 110, CP);
h) interrompe o prazo da prescrição (art. 117, VI, CP);
i) determina a revogação da reabilitação;
j) exclui privilégios legais especiais (art. 155, § 2°, CP);
k) exclui o perdão judicial na receptação culposa (art. 180, §§ 3° e 5°, CP);
l) exclui a transação penal e a suspensão condicional do processo da Lei n° 9.099/1995.

Resumo

Estatística criminal, cifra negra e prognóstico criminal	
Estatística criminal	O empirismo mudou a maneira como se estuda o fenômeno criminoso. A análise do que realmente acontece é essencial para o estudo da criminologia e, para isso, foram desenvolvidos alguns métodos científicos que buscaram fazer um panorama real do crime na sociedade.

Estatística criminal

No entanto, é preciso ter cuidado ao analisar as estatísticas criminais oficiais, na medida em que há uma quantia significativa de delitos não comunicados ao Poder Público, quer por inércia ou desinteresse das vítimas, quer por outras causas, entre as quais os erros de coleta e a manipulação de dados pelo Estado.

Nesse sentido, convém diferenciar a **criminalidade real da criminalidade revelada e da cifra negra:** a primeira é a quantidade efetiva de crimes perpetrados pelos delinquentes; a segunda é o percentual que chega ao conhecimento do Estado; e a terceira, a porcentagem não comunicada ou elucidada.

Nesse sentido, a expressão **cifra negra** (zona obscura, *dark number* ou *ciffre noir*) refere-se à porcentagem de crimes não solucionados ou punidos, à existência de um significativo número de infrações penais desconhecidas "oficialmente" (ROSA, 2019).

Isso traz por consequência uma espécie de eleição de ocorrências e de infratores. O sistema penal, assim, acaba por se "movimentar" apenas em determinados casos, de acordo com a classe social a que pertence o autor do crime.

Cifra negra e cifra dourada

Em se tratando especificamente da criminalidade das classes privilegiadas, surge a **cifra dourada. Trata-se dos crimes denominados de "colarinho branco", tais como as infrações contra o meio ambiente, contra a ordem tributária, o sistema financeiro, entre outros, que se contrapõem aos considerados "crimes de rua"** (furto, roubo etc.).

Sustenta Eduardo Luiz Santos Cabette (2007), com apoio em vasta doutrina, a existência de uma **cifra dourada,** que "**representa a criminalidade de 'colarinho branco', definida como práticas antissociais impunes do poder político e econômico (em nível nacional e internacional), em prejuízo da coletividade e dos cidadãos e em proveito das oligarquias econômico-financeiras**" (grifos nossos).

Cifra negra e cifra dourada	Teríamos, assim, duas falhas em nossas estatísticas: **a cifra negra** (representada pela ausência de dados dos crimes de rua, como furtos, roubos, estupros etc.) e a **cifra dourada** (ausência de registro dos crimes políticos, ambientais, de corrupção etc.).
Cifras cinzas, amarelas, verdes e rosas	**Cifra cinza** São resultados daquelas ocorrências que até são registradas, porém não se chega ao processo ou ação penal por serem **solucionadas na própria Delegacia de polícia**. **Cifra amarela** São aquelas em que as vítimas são pessoas que **sofreram alguma forma de violência cometida por um funcionário público** e deixam de denunciar o fato aos órgãos responsáveis por receio, medo de represália. **Cifra verde** Consiste nos crimes que não chegam ao conhecimento policial e que **a vítima diretamente destes é o meio ambiente**. **Cifra rosa** Crimes de **caráter homofóbico** que não chegam ao conhecimento do Estado.
Técnicas de investigação da cifra negra	A **investigação em face de autores de crime (autodenúncia)** realiza-se com o interrogatório de pessoas em geral acerca dos fatos criminosos cometidos, resultando deles ou não o processo penal. Já **a investigação em face de vítimas de delitos** traz uma vertente diferenciada, pois são interrogadas pessoas em geral que tenham suportado algum tipo de crime. Aqui também se procura a causa da não comunicação ou não indiciação dos implicados, variando da tipologia penal (estupros) à participação da vítima (jogos de azar) e mesmo à cumplicidade (favorecimento pessoal), o que pode induzir o investigador a erro. A **investigação em face de informantes criminais** tem a vantagem de apresentar uma amostragem de terceiras pessoas de forma muito desinibida

Técnicas de investigação da cifra negra

e confiável. Todavia, da mesma maneira que a autodenúncia, muitos informantes são criminosos que vivem da delação alheia, alimentados pela mecânica do sistema, de sorte que esse método pode muitas vezes significar um exercício de revanchismo ou retraimento (cúmplices).

O **sistema de variáveis heterogêneas** impõe três níveis de controle informático, quais sejam: a análise da cifra negra dos delitos leves, que é maior em razão dos crimes graves; a tendência à autocomposição das vítimas nos delitos leves, a variação dos métodos de análise de país para país.

Por derradeiro, **a técnica do segmento operativo dos agentes de controle formal** (polícia e tribunais) muda o foco e direciona seus estudos no sentido de pesquisar as causas reais de vulnerabilidade e de disfunções do Sistema Criminal. Todos os órgãos do Sistema Criminal intervêm num processo de filtração por etapas, pois grande parcela de vítimas não denuncia os crimes que sofreram à polícia; esta, por sua vez, não instaura todas as investigações necessárias, não transmitindo a juízo tudo o que apurou; e os tribunais, por seu turno, arquivam boa parte das investigações sob o manto do garantismo penal (SAMPAIO FILHO, 2020).

Prognóstico criminológico e reincidência

A expressão prognóstico possui origem no grego *prognōstikós* e significa "que concerne ao conhecimento do que deve acontecer", é uma projeção do que deve acontecer naquelas circunstâncias.

Segundo a classificação proposta por Nestor Sampaio Filho (2020, p. 76-77), os **prognósticos criminais** podem ser clínicos e estatísticos.

Prognósticos clínicos são aqueles em que se faz um detalhamento do criminoso, por meio da interdisciplinaridade: médicos; psicólogos, assistentes sociais etc.

Prognósticos estatísticos são aqueles baseados em tabelas de predição, que não levam em conta certos fatores internos e só servem para orientar o estudo de um tipo específico de crime e de seus autores (condenados).

Prognóstico criminológico e reincidência

Reincidência

Em direito penal, valendo-se dos estudos criminológicos, Juarez Cirino dos Santos (2012, p. 530-533) tece duras críticas à reincidência como agravante. O raciocínio é simples: Se o Estado, por meio da prevenção especial positiva, não consegue ressocializar o agente, não poderia puni-lo por sua ineficiência.

O reconhecimento oficial da "ação criminógena" do cárcere, demonstrada pela pesquisa criminológica universal, exige redefinição do conceito de reincidência criminal, excluindo a hipótese formal irrelevante da reincidência ficta, incapaz de indicar a indefinível presunção de periculosidade, e definindo a situação concreta relevante da reincidência real como produto da ação criminógena da execução da pena (e do processo de criminalização) sobre o condenado, por falha do projeto técnico-corretivo da prisão.

A questão é simples: **se** a prevenção especial positiva de correção do condenado é ineficaz, e **se** a prevenção especial negativa de neutralização do condenado funciona, realmente, como prisionalização deformadora da personalidade do condenado, **então** a reincidência real não pode constituir circunstância agravante.

É necessário reconhecer: (a) se novo crime é cometido após a passagem do agente pelo sistema formal de controle social, com efetivo cumprimento da pena criminal, o processo de deformação e embrutecimento pessoal do sistema penitenciário deveria induzir o legislador a incluir a reincidência real entre as circunstâncias atenuantes, como produto específico da atuação deficiente e predatória do Estado sobre sujeitos criminalizados; (b) se novo crime é cometido após simples formalidade do trânsito em julgado de condenação anterior, a reincidência ficta não indica qualquer presunção de periculosidade capaz de fundamentar circunstância agravante.

Prognóstico criminológico e reincidência	Em conclusão, nenhuma das hipóteses de reincidência real ou de reincidência ficta indica situação de rebeldia contra a ordem social garantida pelo direito penal: a reincidência real deveria ser circunstância atenuante e a reincidência ficta é, de fato, um indiferente penal.

7

Instâncias de controle

7.1 Introdução

A criminologia, em sua fase clássica, voltou sua atenção para o estudo do crime e, a partir do século XIX, focou na análise do criminoso. A criminologia que foca no crime e no criminoso é o que denominaremos **criminologia tradicional**. Por sua vez, a nova criminologia amplia esse foco, aduzindo também o estudo da vítima e do controle social, além do crime e do criminoso.

Quando analisamos o controle social, pensamos basicamente em formas de reação para determinadas práticas e condutas. Pensar em controle social nos colocará diante de duas vertentes diametralmente opostas, mas que possuem, em tese, o mesmo objetivo: controle da criminalidade.

A primeira vertente é a legitimadora da intervenção penal, a qual entende que o controle da criminalidade passa por um direito penal máximo, pela construção de um Estado policialesco ou Estado Penal, por endurecimento e punitivismo.

Por outro lado, a segunda vertente é a deslegitimadora da intervenção penal, que passa por um direito penal mínimo ou de uma abolição do direito penal, bem como trabalha as ideias de descaracterização e descriminalização. As políticas criminais legitimadoras caracterizam-se pelas ideias de lei e ordem e de tolerância zero, enquanto as políticas deslegitimadoras refletem o minimalismo e o abolicionismo.

Nesse sentido, as formas de intervenção ou controle podem se desenvolver por estas duas formas de pensamento, que sustentam ideias diferentes e opostas. Por exemplo, alguns defendem que a redução da criminalidade decorre da ampliação do Estado Penal, das sanções mais severas, da criminalização maior de condutas, da ordem e da disciplina. Em outras palavras, a garantia do convívio social pacífico exige uma intervenção penal mais violenta e punitivista.

7.2 Do estado caritativo ao estado penal

No período entre 1948 e meados da década de 1970, muito influenciados pela recém-publicada Declaração Universal dos Direitos Humanos (art. XXIII, 1948) e pelas ideias de Keynes, os Estados Unidos da América e parcela dos países europeus viam-se imersos num modelo político-econômico social intitulado de *welfare state*, um sistema onde o bem-estar social é direito incondicional. À vista disso, o estado de bem-estar social é a alocação do governo como provedor da boa realidade social, inflacionando a intervenção estatal na sociedade.

O estado do *welfare state* é um estado caritativo ou prestacional. Período de guerra-fria, em que se estabeleceu, nos sistemas capitalistas, o estado de bem-estar como forma de blindar o sistema da ameaça soviética. A partir dos anos 1970, a pressão socialista foi gradativamente se intimidando por conta da decadência soviética e pela crescente onda neoliberal estadunidense. Logo, na segunda metade desta mesma década, a ideia de um estado paternalista foi perdendo força e dando lugar ao **workfare state**, modelo no qual, para receber benefícios sociais do governo, teria que se trabalhar em troca.

A substituição do *welfare state* pelo *workfare state* é uma mudança paradigmática que trará impactos evidentes no controle da criminalidade e no surgimento de um novo movimento de política criminal. Em meados da década de 1970, a informação já circulava de forma bastante marcante na sociedade norte-americana. Jornais, telejornais e radiojornais já eram popularmente cultuados pelos estadunidenses. Como não pode deixar de ser, o aumento da criminalidade nos estados não passou desapercebido pela mídia, crimes eram cada vez mais noticiados, diariamente, em todas as plataformas jornalísticas e a popularização dos programas sensacionalistas, que no Brasil ainda têm grande audiência, teve uma magnânima influência na criação do chamado estado de medo.

Nesse sentido, o chamado estado de medo conta com a contribuição decisiva de um reforço midiático. Muitas vezes, isso não significa que ocorrem mais crimes, contudo, a superexploração midiática da criminalidade gera uma sensação social de "temorização". O estado de medo é potencializado pela atuação dos veículos de massa.

A lei e ordem foi uma política criminal que ganhou experiência prática nos EUA entre a década de 1980 e meados da década de 1990 e teve como expoente o teórico alemão Ralf Dahrendorf (*The Law and Order*, 1985) e consistia em um modelo legitimador do direito penal onde se entende que a sociedade se encontra em um estado de degradação, violência sem limites, a caminho da anomia social.

A anomia, que é referida por Durkheim como um Estado extremamente caótico, é o estado de degradação e violência. Outrossim, é interessante verificar que foi implementada uma nova política de encarceramento nos Estados Unidos. Não por acaso, o aumento da criminalidade se contextualiza com a crise do estado do bem-estar social e a ascensão de um novo modelo estatal, um modelo que obriga ao trabalho e deixa de prestar assistência.

Portanto, com a crise da ameaça soviética, os estados neoliberais deixam de garantir a assistência social, gerando, naturalmente, o aumento de determinada criminalidade. A proposta contra esta criminalidade (patrimonial e de tráfico de entorpecentes) é o direcionamento do aparato de controle e uma superexposição midiática destas situações.

Diante de um cenário onde se embateria a criminalidade consequente da recente onda de miséria, força das sanções e da punibilidade da norma, as consequências não fugiram às previsões: um encarceramento com crescimento absurdo, em um curtíssimo espaço de tempo. Foi um crescimento do número de encarcerados, apenas em prisões federais, em níveis de 314% em 20 anos.

Bom é esclarecer que, com a crise do bem-estar e a modificação para um novo sistema estatal, passamos a ter também a privatização dos estabelecimentos prisionais. Tal movimento também chama uma onda de superencarceramento. O sistema de privatização não começa pelas prisões federais, mas ele possui uma superexposição midiática e, conforme colocado por Loic Wacquant passamos a ter, dentro deste contexto, a substituição do sistema habitacional pela construção de estabelecimentos prisionais que passam a funcionar com a engrenagem do modelo econômico norte-americano.[1]

---

[1]. Como se não bastassem esses números para confirmar, pela primeira vez na história dos Estados Unidos havia um número maior de negros do que brancos nas prisões. O número de negros, em 20 anos, conseguiu se multiplicar por 5, tendo como principal causa deste aumento a política de guerra às drogas.

O sistema de guerra às drogas nos Estados Unidos (e aqui no Brasil também) é um sistema extremamente direcionado a determinadas comunidades. Quando pensamos no conceito de droga, em essência, um remédio é droga. Contudo, quais serão as drogas lícitas e ilícitas? Novamente, retornamos ao etiquetamento, do poder de dizer o que é lícito e ilícito. Nos processos de criminalização de determinadas substâncias, para que elas sejam havidas como entorpecentes para fins penais, teremos a perseguição de determinados grupos.

Nesta "guerra às drogas", encontramos o grande pretexto norte-americano a fim de voltar seu aparato de controle contra determinados grupos sociais e, também, a utilização dessas pessoas como mão de obra explorada em sistemas carcerários privatizados.

Esta política de direito penal máxima também está amparada em uma linha de pensamento teórico denominado teoria das janelas quebradas. Foi uma das teorias que trouxe o aparato teórico para o modelo de lei e ordem ou de tolerância zero.

A teoria das janelas quebradas (*Broken Windows Theory*) surge de um artigo publicado na década de 1980 e foi trabalhada por Wilson e Kelling, sendo implementada com a política pública no projeto piloto de Nova York na década de 1990.

Esses autores entendiam que a pequena criminalidade leva a uma criminalidade mais gravosa. A desordem estaria traduzida, por exemplo, no acúmulo de lixo, na prostituição, na prática de grafitagem e diversas outras situações que serão metaforicamente representadas na imagem das "janelas quebradas".

"Janelas quebradas" são sinais de desordem. Existem duas imagens exemplificativas trazidas pelos autores: a primeira imagem é de uma fábrica que possui janelas quebradas. Em pouco tempo, outras pessoas quebrarão outras vidraças e ocuparão esta fábrica. Nesse mesmo sentido é a imagem de uma rua com acúmulo de lixo, o qual incentiva, de alguma forma, a prática de crimes mais graves, independente de estarmos diante de um bairro mais pobre ou mais rico.

A intenção é desconectar a ideia de criminalidade da ideia de pobreza, passando a conectá-la à situação de desordem social, que passa a ser vista como estímulo a crimes de maior gravidade. Passa-se a voltar o aparato de controle de maneira muito severa para os atos de desordem em si, criminalizando uma série de condutas de pequenas importâncias, que sequer eram alvo de intervenção penal, entendendo que a punição severa seria uma forma de prevenção da criminalidade mais gravosa ("cortar o mal pela raiz").

Esta política é implementada na década de 1990 por Rudolph Giuliani em Nova York acompanhada de uma política de lei e ordem, bem como de tolerância zero. A política criminal de tolerância zero é muito influenciada pela teoria das janelas quebradas, se inserindo dentro desta onda de endurecimento. Um exemplo de política lançada neste período é a da **three strikes and you're out**, segundo a qual a prática de três infrações levaria a prisão perpétua, ou seja, ao banimento do convívio social.

Nos Estados Unidos, em um primeiro momento, a população carcerária não era uma expressão significativa, composta majoritariamente de pessoas brancas. Sob o pretexto de guerra às drogas, a política de encarceramento massivo surge com a guerra à população negra (conceito mais amplo, vinculado à origem). Há um direcionamento muito marcante nos Estados Unidos contra determinado grupo social. Ainda neste cenário, no Brasil, dentro da perspectiva da criminologia crítica, a guerra às drogas possui muito êxito com a política de encarceramento da população negra. Portanto, a política de lei e ordem é uma política de superencarceramento que será trabalhada nos Estados Unidos e no Brasil a partir da década de 1990.

7.3 Instâncias informais de controle social

Os órgãos da sociedade civil que operam o controle informal atuam na educação do indivíduo, inserindo-o no contexto social, vale dizer, trata-se do processo de socialização que se prolonga durante toda a existência do indivíduo.

Nesse sentido, torna-se muito importante o processo de construção e um sentimento coletivo, sentimento de coletividade pelo indivíduo (**comunitarismo**), **o que se mostra mais fácil em pequenos grupos e em núcleos sociais menos complexos (solidariedade mecânica)**.

Entre os elementos que primeiro aparecem no controle informal, ganha relevo o papel da **família** (SAMPAIO FILHO, 2020). Aliás, a família, como célula nuclear da sociedade, é diretamente responsável pela moldura do caráter e comportamento de seus integrantes, caracterizando-se a necessária autoridade dos pais em decorrência do binômio exemplaridade – amor.

Também digno de nota é o controle informal feito pela **escola**. Embora intimamente ligada ao Estado, não é a presença deste que formaliza ou informaliza o controle, mas sim seu vínculo mais estreito ou não com a sociedade civil.

A **escola** (SAMPAIO FILHO, 2020) sempre teve íntima ligação com a sociedade civil na consecução da tarefa de educar mediante a persuasão. Hoje, com o péssimo tratamento dado pelo Estado às escolas públicas, sobretudo com a desvalorização salarial e profissional dos educadores, esse tipo de controle informal é quase nulo ou mínimo.

O **ciclo profissional** (SAMPAIO FILHO, 2020) (trabalho) é de suma importância na instância informal de controle, porque, no modelo capitalista, a autoridade e o poder se apoiam naqueles que detêm os meios de produção, de sorte que a permanência no emprego vai depender, entre outros requisitos, da disciplina laboral do empregado e de suas múltiplas irradiações: no trato com os superiores, nas relações com os colegas, no atendimento aos clientes etc.

O culto à divindade ou a um ser superior sempre acompanhou o homem e lhe servia de mecanismo de contenção de comportamentos antissociais. Daí a importância da religião e das **igrejas** (SAMPAIO FILHO, 2020) no processo informal de controle social.

Além desses mecanismos, podem ser citados outros, como a **vizinhança** (SAMPAIO FILHO, 2020) (solidariedade social) e os **meios de comunicação em massa** (indução de comportamento pela mídia), instrumentos que contribuem para a padronização de comportamentos.

Nesse sentido, a lição do festejado Shecaira (2014) para quem, "em épocas como a atual, em que se assiste ao aprofundamento das complexidades sociais, e em que são enfraquecidos os laços comunitários, cada vez mais os mecanismos informais de controle social tornam-se enfraquecidos ou até mesmo inoperantes".

7.4 Instâncias formais de controle social

O **controle social formal** (ou **controle regulativo**) é formado pelo cabedal de instâncias das quais o Estado pode lançar mão para controlar a criminalidade: polícia, administração penitenciária, Ministério Público, juiz (VIANA, 2018).

O controle social formal é **seletivo e discriminatório**, pois o *status* prima sobre o merecimento, mas também é **estigmatizante**, porque acaba por desenvolver carreiras criminais e desvios secundários.

O controle social jurídico-penal fixa por escrito e publicamente, com todas as minúcias possíveis (*lex certa et scripta*) e antes do fato (anterioridade), qual comportamento se entende por desviado, qual a penalidade cabível, qual a forma de sua imposição (*due process of law*) e por meio de quais autoridades (polícia e Judiciário).

Assiste razão, portanto, a Hassemer (2005) quando anuncia que "O controle social jurídico-penal restabelece a ordem jurídica perturbada, indeniza as vítimas, ainda que não exclua definitivamente o autor do delito do grupo social, impõe uma pena que, ao mesmo tempo em que um castigo, expressa uma desaprovação do fato que tenha realizado".

Não se deve esperar demais do controle formal penal, pois este somente deve entrar em cena em última instância (*ultima ratio*), até porque o direito penal não pode perder seu papel fragmentário e subsidiário (**executor de reserva**). Isso quer dizer que nem todas as condutas podem ser tidas como incriminadas, mas apenas aquelas que ofendem com certa gravidade os bens jurídicos mais relevantes; o direito penal somente deve atuar quando os demais ramos do direito e instrumentos do controle social se mostrarem impotentes para a manutenção da paz social.

Resumo

	Instâncias de controle
Introdução	A criminologia, em sua fase clássica, voltou sua atenção para o estudo do crime e, a partir do século XIX, focou na análise do criminoso. A criminologia que foca no crime e no criminoso é o que denominaremos **criminologia tradicional**. Por sua vez, a nova criminologia amplia esse foco, aduzindo também o estudo da vítima e do controle social, além do crime e do criminoso. Quando analisamos o controle social, pensamos basicamente em formas de reação para determinadas práticas e condutas. Pensar em controle social nos colocará diante de duas vertentes diametralmente opostas, mas que possuem, em tese, o mesmo objetivo: controle da criminalidade. A primeira vertente é a legitimadora da intervenção penal, a qual entende que o controle da criminalidade passa por um direito penal máximo, pela construção de um Estado policialesco ou estado penal, por endurecimento e punitivismo. Por outro lado, a segunda vertente é a deslegitimadora da intervenção penal, que passa por um direito penal mínimo ou se uma abolição do direito penal, bem como trabalha as ideias de descaracterização e descriminalização. As políticas criminais legitimadoras caracterizam-se pelas ideias de lei e ordem e de tolerância zero, enquanto as políticas deslegitimadoras refletem o minimalismo e o abolicionismo.
Do estado caritativo ao estado penal	O estado do **welfare state** é um estado caritativo ou prestacional. Período de guerra-fria, em que se estabeleceu, nos sistemas capitalistas, o estado de bem-estar como forma de blindar o sistema da ameaça soviética. A partir dos anos 1970, a pressão socialista foi gradativamente se intimidando por conta da decadência soviética e pela crescente onda neoliberal estadunidense. Logo, na segunda metade desta mesma década, a ideia de um estado paternalista foi perdendo força e dando lugar ao **workfare state**, modelo no qual, para receber benefícios sociais do governo, teria que se trabalhar em troca.

Do estado caritativo ao estado penal	A substituição do **welfare state** pelo **workfare state** é uma mudança paradigmática que trará impactos evidentes no controle da criminalidade e no surgimento de um novo movimento de política criminal. Em meados da década de 1970, a informação já circulava de forma bastante marcante na sociedade norte-americana. Jornais, telejornais e radiojornais já eram popularmente cultuados pelos estadunidenses. Como não podia deixar de ser, o aumento da criminalidade nos estados não passou desapercebido pela mídia, crimes eram cada vez mais noticiados, diariamente, em todas as plataformas jornalísticas e a popularização dos programas sensacionalistas, que no Brasil ainda têm grande audiência, teve uma magnânima influência na criação do chamado estado de medo.

Nesse sentido, o chamado estado de medo conta com a contribuição decisiva de um reforço midiático. Muitas vezes, isso não significa que ocorrem mais crimes, contudo, a superexploração midiática da criminalidade gera uma sensação social de "temorização". O estado de medo é potencializado pela atuação dos veículos de massa. |
| **Instâncias informais de controle social** | Os órgãos da sociedade civil que operam o controle informal atuam na educação do indivíduo, inserindo-o no contexto social, vale dizer, trata-se do processo de socialização que se prolonga durante toda a existência do indivíduo.

Nesse contexto, destaca-se o **comunitarismo** (vida e sentimento de comunidade): nos pequenos lugares existe maior proximidade entre os habitantes, gerando um recíproco e mútuo estado de respeito, dependência e controle. Na medida em que esse controle informal acaba por contribuir para que o indivíduo absorva os valores e normas da comunidade, resta claro que ele é muito mais importante e funcional que a ameaça de sanção do controle formal do Estado.

Nesse sentido, a lição do festejado Shecaira (2014) para quem, "em épocas como a atual, em que se assiste ao aprofundamento das complexidades sociais, e em que são enfraquecidos os laços comunitários, cada vez mais os mecanismos informais de controle social tornam-se enfraquecidos ou até mesmo inoperantes". |

Instâncias de controle	
Instâncias formais de controle social	O **controle social formal** (ou **controle regulativo**) é formado pelo cabedal de instâncias das quais o Estado pode lançar mão para controlar a criminalidade: polícia, administração penitenciária, Ministério Público, juiz (VIANA, 2018). O controle social formal é **seletivo e discriminatório**, pois o *status* prima sobre o merecimento, mas também é **estigmatizante**, porque acaba por desenvolver carreiras criminais e desvios secundários.

8

Classificação dos criminosos

8.1 Teoria da classificação

8.1.1 Para que servem as classificações?

A antiga arte de classificar, tão antiga quanto a humanidade, apenas recentemente adquiriu uma base teórica adequada – base esta que nos permite presumir que ela progrediu do *status* de arte para o de ciência.

Quando apenas uma arte, a classificação foi aplicada de diversos modos e formas à medida que nosso conhecimento se desenvolvia. Deixou suas marcas em todos os arranjos sistemáticos que entraram na composição dos trabalhos de grandes filósofos, a começar pelo Vedas, a Bíblia, as coleções enciclopédicas de tudo o que era conhecido numa determinada época, como, por exemplo, a enciclopédia do egípcio Amenope (1250 a.C.) e de Caius Plinius Secundus (23-79 d.C.), e ainda as grandes enciclopédias da Idade Média, como as de Isidro de Sevilla, Vincent de Beauvais, Bartholomaeus Anglicus, Brunetto Latini e as da Renascença, como as de Georg Valla, Rafael Maffei, Johann Heinrich Alsted, Wolfgang Ratke.

O fato é que a teoria da classificação é largamente utilizada por todas as ciências e classificar os institutos e o conhecimento é uma poderosa ferramenta de organização das informações.

É possível criar incontáveis classificações, desde que se adotem critérios distintos, e assim será feito neste capítulo, onde classificaremos os criminosos a partir de diversos critérios utilizados por diferentes autores. Abordaremos aqui apenas aquelas mais difundidas pela doutrina e, por isso, mais importantes para os concursos públicos.

8.2 Classificação de Cesare Lombroso

a) **Criminosos natos:** o sistema lombrosiano possui três pilares: (1) o criminoso diferencia-se dos não criminosos por meio de um sem-número de sinais físicos e psíquicos; (2) o criminoso é uma variante da espécie humana, um ser atávico (que sofreu uma degeneração); e (3) essa variação é (pode ser) transmitida hereditariamente. É preciso registrar, contudo, que essas linhas reitoras, às quais, aliás, a figura de Lombroso é imediatamente associada, expressam apenas a "primeira fase" do seu pensamento. Com o desenvolvimento das suas pesquisas, Lombroso mitiga a sua genuína teoria antropológica chegando a sublinhar, inclusive, a relevância do momento social no crime.

É possível perceber a influência do método experimental em todos os trabalhos de Lombroso. Examinando o crânio de um criminoso reincidente, ele encontra uma série de anomalias, especialmente a fosseta occipital média, e, daí, à vista dessa estranha característica que apresentava o crânio do criminoso examinado, pensava ter resolvido o problema da origem do comportamento criminoso, formulando a seguinte conclusão: as características do homem primitivo e dos animais inferiores se reproduzem (VIANA, 2018, p. 57).

Cesare Lombroso trabalha com a ideia de condicionamento biológico como fator etiológico do crime. Segundo pesquisas do médico de Turim, os estigmas do criminoso nato (expressão criada por Ferri) consistiriam em particularidades da calota craniana, particularidade no desenvolvimento do cérebro, corpo assimétrico, grande envergadura dos braços, queixo quadrado e proeminente, pouca barba, orelhas em abano etc. Como características psíquicas, mencionava analgesia (sensibilidade dolorosa diminuída), crueldade, aversão ao trabalho, tendência à superstição e à tatuagem etc. Tais características seriam comuns aos criminosos de todo o mundo.

Assim, o criminoso nato seria o delinquente como ser **atávico**, produto da regressão a estados primitivos da humanidade, uma variedade humana que reproduz as características próprias dos seus antepassados em linha reta até os animais. Os delinquentes e não delinquentes se distinguiriam entre si em virtude de uma rica gama de anomalias ou estigmas de origem atávica ou degenerativa. Aqueles como espécie sub-humana ou espécie distinta e inferior ao *Homo sapiens* (FORENSES, 2006).

b) **Criminosos loucos:** perversos, loucos morais, alienados mentais que devem permanecer no hospício. O louco é conduzido ao crime pela sua enfermidade mental e pela atrofia do senso moral. Como a enfermidade varia, é dizer, pode ser congênita ou adquirida, incurável ou curável. Também são variáveis a periculosidade e a readaptabilidade social dos criminosos loucos (VIANA, 2018).

c) **Criminosos de ocasião:** predispostos hereditariamente, são pseudocriminosos; "a ocasião faz o ladrão"; assumem hábitos criminosos influenciados por circunstâncias. O delinquente ocasional deve a atividade criminosa à forte influência de circunstâncias ambientais; em regra, sua ação recai sobre os crimes menos graves, daí porque menor sua periculosidade e maior a sua readaptabilidade (VIANA, 2018).

d) **Criminosos por paixão:** sanguíneos, nervosos, irrefletidos, usam da violência para solucionar questões passionais; exaltados (SAMPAIO FILHO, 2020). Aquele que é movido por uma paixão social. Para constituir essa figura delinquente concorre a personalidade – de antecedentes ilibados – com sintomas psíquicos da idade jovem, motivo proporcionado, execução em estado de comoção, ao ar livre e sem cúmplices, com espontânea apresentação à autoridade e com remorso sincero do malfeito, que frequentemente se exprime com o imediato suicídio ou a tentativa séria.

8.3 Classificação de Enrico Ferri

Uma importante contribuição feita por Enrico Ferri foi promover uma aproximação de seus estudos com a arte literária ao publicar a obra *Criminosos na arte e na literatura*, na qual ressalta a obra shakespeariana como a descrição psicológica mais genial de três tipos homicidas, a saber: Macbeth (epilético), como criminoso nato; Hamlet (intelectual) como criminoso louco; e Othello, como criminoso passional (VIANA, 2018, p. 73).

"No entanto, de Macbeth a Hamlet, de Hamlet a Othello, há como uma regressão extraordinária à ordinária. Poucos adivinham um criminoso nato sob o caráter de Macbeth; muitos reconhecem em Hamlet uma mente desequilibrada; e todos veem, em Othello, a encarnação doravante proverbial do criminoso por paixão (FERRI, 2010)."

a) **Criminoso nato:** degenerado, com os estigmas de Lombroso, atrofia do senso moral (Macbeth, de Shakespeare); aliás, a expressão "criminoso nato" seria de autoria de Ferri e não de Lombroso, como erroneamente se pensava.
b) **Criminoso louco:** além dos alienados, também os semiloucos ou fronteiriços (Hamlet, de Shakespeare).
c) **Criminoso ocasional:** eventualmente comete crimes; "o delito procura o indivíduo".
d) **Criminoso habitual:** reincidente na ação criminosa, faz do crime sua profissão; seria a grande maioria, a transição entre os demais tipos; começaria ocasionalmente até degenerar-se.
e) **Criminoso passional:** age pelo ímpeto, comete o crime na mocidade; próximo do louco, tempestade psíquica (Otelo, de Shakespeare).

A teoria dos motivos proposta por Ferri considera que existem fatores que serão determinantes do delito. Estes fatores criminógenos podem ser agrupados em: **fatores antropológicos – constituição orgânica do crime**: referem-se a características somáticas dos indivíduos: crânio, vísceras, cérebro. **Constituição psíquica:** inteligência, sentimento, senso moral. **Características pessoais:** raça, idade, gênero, estado civil. **Fatores sociais:** densidade de população, opinião pública, moral, religião. **Fatores físicos:** clima, solo, estações, temperatura.

A partir daí, Ferri elabora a sua **Lei da Saturação**: em um meio socialmente determinado com condições individuais e psíquicas dadas, comete-se um determinado número de delitos (FERRI, 1881).

Outra consequência importante é a **teoria da periculosidade**: em uma determinada situação individual e por diferentes circunstâncias sociais, uma pessoa terá maior ou menor tendência a cometer crimes. A periculosidade não depende do ato criminoso cometido pelo sujeito, mas da sua qualidade de ser mais ou menos antissocial. A função da pena aplicada não seria mais, como queria a escola clássica, a expiação do crime, mas a defesa social através da prevenção de crimes.

Apesar de tudo, Ferri critica as instituições penais como incapazes de ressocializar os criminosos depois destes cumprirem as penas. Para ele, a ressocialização de alguém acostumado ao ar da prisão é impossível ou difícil, pois os indivíduos saem das prisões ainda mais ressentidos e cometem crimes maiores como vingança contra a sociedade. O mais importante é que o crime deve ser combatido antes que aconteça, pois a prevenção geral é mais eficaz do que a repressão. Com este objetivo o Estado deve aplicar **substitutivos penais**, medidas de carácter econômico, político, administrativo, educativo, familiar que atuem nas causas originadoras dos delitos diminuindo a sua incidência.

Entretanto, os substitutivos penais não serão suficientes para conter os criminosos natos, loucos e passionais. A razão de punir é a defesa social, portanto, para estes tipos de criminosos são necessárias **medidas de segurança**, formas de contê-los enquanto manifestem seu caráter perigoso para a sociedade. Se, por um lado, as medidas de segurança aumentavam as penas dos criminosos perigosos além do que a escola clássica considerava necessário para expiação da culpa, por outro lado a avaliação da periculosidade permitiu que condenados considerados pouco perigosos fossem libertados antes do término da pena por meio de mecanismos como, por exemplo, livramento condicional (FERRI, 2010).

8.4 Classificação de Raffaele Garofalo

Influenciado pelo darwinismo e pelo determinismo das teorias de Darwin e Spencer, estabeleceu certos princípios ao estudo criminológico de sua época, entre eles, o sentido de delito natural, a prevenção especial como finalidade da pena, a periculosidade do agente delinquente e a punição em prol da teoria da defesa social. Propôs a pena de morte sem piedade aos criminosos natos ou sua **expulsão do país**.

a) **Criminosos assassinos:** são delinquentes típicos; egoístas, seguem o apetite instantâneo, apresentam sinais exteriores e se aproximam dos selvagens e das crianças.

Os assassinos, ou delinquentes típicos, consoante Garofalo: "Obedecem unicamente ao próprio egoísmo, aos próprios desejos e apetites instantâneos, atuando sem cumplicidade alguma indireta, do meio social. Oferecem, frequentemente, anomalias anatômicas, uma vez regressivas, outras teratológicas ou atípicas; muitos sinais exteriores falam neles de uma suspensão de desenvolvimento moral, compatível, aliás, com uma anormal faculdade de ideação, pelos instintos, como pelo apetite; aproximam-se estes delinquentes dos selvagens e das crianças" (GAROFALO, 1893).

b) **Criminosos enérgicos ou violentos:** falta-lhes a compaixão; não lhes falta o senso moral; falso preconceito; há um subtipo, os impulsivos (coléricos).

Nos violentos, ou enérgicos, falta o sentido de compaixão ou é sobremaneira escasso, a ponto de, facilmente, permitir-lhes a prática criminosa sob pretexto de falsa ideia, de exagerado amor próprio ou preconceitos sociais, religiosos ou políticos.

Dos criminosos violentos se destaca um subgrupo, os impulsivos, ou seja, os que cedem à cólera ou à excitação nervosa exacerbada. Eles não têm a fisionomia peculiar ou característica dos violentos e neles poucas vezes se percebem as assimetrias e heliotropias do crânio ou da face, correspondentes ou desequilíbrio funcional das faculdades.

c) **Ladrões ou neurastênicos:** não lhes falta o senso moral; falta-lhes probidade, atávicos às vezes; pequenez, face móvel, olhos vivazes, nariz achatado etc. (SAMPAIO FILHO, 2020).

Nos ladrões falta o instinto de probidade, que pode ser diretamente hereditário e, num pequeno número de casos, atávico; de ordinário, a herança direta juntam-se os exemplos do ambiente imediato, imprimindo-lhes no espírito durante a infância ou adolescência. Nos ladrões notam-se, frequentemente, diz Garofalo, anomalias cranianas atípicas, tais como "submicrocefalia", a "oxicefalia", a "scaphocephalia", a "trococephalia".

Os cínicos são os criminosos que praticam crimes contra os costumes, como, por exemplo, os crimes sexuais, principalmente quando forem crimes sexuais ligados a menores. Garofalo propugnava pela pena de morte sem nenhuma consideração e, referentemente a expulsão, considerava que esta deveria se revestir de abandono total do indivíduo. Afirmou ainda que "os sentimentos de piedade e probidade devem ser vistos relativamente ao móvel que os guia" (GAROFALO, 1893).

Mas a principal contribuição da criminologia de Garofalo (com ele, a expressão criminologia teve mais êxito que com Lombroso e Ferri) foi sua filosofia do castigo, dos fins da pena e sua fundamentação, assim como das medidas de prevenção e repressão da criminalidade. Parte este autor de um determinismo moderado que contrasta com a dureza e o rigor penal que o próprio Garofalo propugna para a eficaz defesa da ordem social, que goza de supremacia radical frente aos direitos do indivíduo. Do mesmo modo que a natureza elimina a espécie que não se adapta ao meio, também o Estado deve eliminar o delinquente que não se adapta à sociedade e as exigências da convivência.

Resumo

	Classificação dos criminosos
Teoria da classificação	**Para que servem as classificações?** O fato é que a teoria da classificação é largamente utilizada por todas as ciências e classificar os institutos e o conhecimento é uma poderosa ferramenta de organização das informações. É possível criar incontáveis classificações, desde que se adotem critérios distintos, e assim será feito neste capítulo, onde classificaremos os criminosos a partir de diversos critérios utilizados por diferentes autores.
Classificação de Cesare Lombroso	a) **Criminosos natos:** o sistema lombrosiano possui três pilares: (1) o criminoso diferencia-se dos não criminosos por meio de um sem-número de sinais físicos e psíquicos; (2) o criminoso é uma variante da espécie humana, um ser atávico (que sofreu uma degeneração); e (3) essa variação é (pode ser) transmitida hereditariamente. Assim, o criminoso nato seria o delinquente como ser **atávico**, produto da regressão a estados primitivos da humanidade, uma variedade humana que reproduz as características próprias dos seus antepassados em linha reta até os animais. Os delinquentes e não delinquentes se distinguiriam entre si em virtude de uma rica gama de anomalias ou estigmas de origem atávica ou degenerativa. Aqueles como espécie sub-humana ou espécie distinta e inferior ao *Homo sapiens* (FORENSES, 2006). b) **Criminosos loucos:** perversos, loucos morais, alienados mentais que devem permanecer no hospício. O louco é conduzido ao crime pela sua enfermidade mental e pela atrofia do senso moral. Como a enfermidade varia, é dizer, pode ser congênita ou adquirida, incurável ou curável. Também são variáveis a periculosidade e a readaptabilidade social dos criminosos loucos (VIANA, 2018).

Classificação de Cesare Lombroso	c) **Criminosos de ocasião:** predispostos hereditariamente, são pseudocriminosos; "a ocasião faz o ladrão"; assumem hábitos criminosos influenciados por circunstâncias. O delinquente ocasional deve a atividade criminosa à forte influência de circunstâncias ambientais; em regra, sua ação recai sobre os crimes menos graves, daí porque menor sua periculosidade e maior a sua readaptabilidade (VIANA, 2018). d) **Criminosos por paixão:** sanguíneos, nervosos, irrefletidos, usam da violência para solucionar questões passionais; exaltados (SAMPAIO FILHO, 2020).
Classificação de Enrico Ferri	**Criminoso nato:** degenerado, com os estigmas de Lombroso, atrofia do senso moral (Macbeth, de Shakespeare); aliás, a expressão "criminoso nato" seria de autoria de Ferri e não de Lombroso, como erroneamente se pensava. **Criminoso louco:** além dos alienados, também os semiloucos ou fronteiriços (Hamlet, de Shakespeare). **Criminoso ocasional:** eventualmente comete crimes; "o delito procura o indivíduo". **Criminoso habitual:** reincidente na ação criminosa, faz do crime sua profissão; seria a grande maioria, a transição entre os demais tipos; começaria ocasionalmente até degenerar-se. **Criminoso passional:** age pelo ímpeto, comete o crime na mocidade; próximo do louco, tempestade psíquica (Otelo, de Shakespeare).
Classificação de Raffaele Garofalo	a) **Criminosos assassinos:** são delinquentes típicos; egoístas, seguem o apetite instantâneo, apresentam sinais exteriores e se aproximam dos selvagens e das crianças. b) **Criminosos enérgicos ou violentos:** falta-lhes a compaixão; não lhes falta o senso moral; falso preconceito; há um subtipo, os impulsivos (coléricos). c) **Ladrões ou neurastênicos:** não lhes falta o senso moral; falta-lhes probidade, atávicos às vezes; pequenez, face móvel, olhos vivazes, nariz achatado etc. (SAMPAIO FILHO, 2020).

9

Teorias da pena

9.1 Introdução

A pena corporal de prisão é um projeto falido,[1] afirmação unânime entre os teóricos e entre aqueles que vivenciam a justiça criminal.

Assim, é um imperativo dos nossos dias a busca por opções substitutivas do encarceramento.[2] Essa tendência não é

---

[1] Foucault utiliza um jogo de palavras para representá-lo, quando afirma: "contra um mal extraordinário, o poder se levanta; torna-se em toda parte presente e visível; inventa novas engrenagens; compartimenta, imobiliza, quadricula; constrói por algum tempo o que é ao mesmo tempo a contracidade e a sociedade perfeita; impõe um funcionamento ideal, mas que no fim das contas se reduz, como o mal que combate, ao dualismo simples vida-morte: o que se mexe traz a morte e mata-se o que se mexe". FOUCAULT, Michel. *Vigiar e punir*. 30. ed. Trad. de Raquel Ramalhete. Petrópolis: Vozes, 2005. p. 169. No Brasil, é Bitencourt quem alerta que "já não se tem muitas esperanças sobre os resultados que se possa conseguir com a prisão tradicional". BITENCOURT, Cezar Roberto. *Falência da pena de prisão*. São Paulo: Revista dos Tribunais, p. 1993. p. 143. Também Augusto Thompson se refere aos **fins contraditórios atribuídos à prisão**. *A questão penitenciária*. 4. ed. Rio de Janeiro: Forense, 1998. p. 3 e ss.

[2] Assim opinam os penalistas: MUÑOZ CONDE, Francisco; GARCÍA ARÁN, Mercedes. *Derecho penal. Parte General*. 8. ed. Valencia: Tirant lo Blanch, 2010. p. 515; DOTTI, René. *Base e alternativas para o sistema de penas*. São Paulo: Revista dos Tribunais, 1998. p. 369; BITENCOURT, Cezar Roberto. *Novas Penas Alternativas*. 3. ed. São Paulo: Saraiva, 2006. p. 4. A opinião, porém, é também compartilhada por vários estudos de criminologia, v. g.: MUÑOZ CONDE, Francisco; HASSEMER, Winfried. *Introdução à Criminologia*. Trad. de Cíntia Toledo Miranda Chaves. Rio de Janeiro: Lumen Juris,

apenas uma orientação claríssima da doutrina penal e da criminologia, mas também atinge a própria legislação (BUSATO, 2015, p. 948).

Ainda assim, mantenho-me fiel ao propósito da obra e irei abordar os principais aspectos doutrinários sobre as finalidades da pena, sem deixar de expor, de forma sucinta, as críticas feitas pela doutrina.

9.2 Teorias sobre a pena

É importante analisarmos alguns aspectos da passagem de uma concepção retributiva da pena a uma formulação preventiva desta. Justifica-se, por isso, um exame das diversas teorias que explicam o sentido, função e finalidade das penas, pelo menos das três vertentes mais importantes: **teorias absolutas, teorias relativas (prevenção geral e prevenção especial) e teorias unificadoras ou ecléticas** (BITENCOURT, 2020).

9.3 Teorias absolutas ou retributivas da pena

A ideia é simples: pena é castigo, punição. Retribui o mal com o mal (*reddet malum*). As **teorias absolutas** (Kant, Hegel) entendem que a pena é um imperativo de justiça, negando fins utilitários; pune-se porque se cometeu o delito (*punitur quia peccatum est*). Com eles, a pena era considerada como um ideal de justiça, portanto, não tinha nenhum fim. Depois de tudo, não se pode negar que o direito natural racional e com ele as

---

2008. p. 301 e ss., inclusive alguns de corte abolicionista, como Thomas Mathiesen. *Juicio a la prisión*. Trad. de Amanda Zamuner. Buenos Aires: Ediar, 2003. p. 300 e ss., quem reflui de posicionamentos anteriores à raiz das considerações de Maeve McMahon. *The persistent prison? Rethinking Decarceration and Penal Reform*. Toronto-Buffalo-London: University of Toronto, 1992, quem comprovou empiricamente a contribuição das penas alternativas para a redução do encarceramento.

teorias absolutas das penas contrapuseram critérios materiais e limites para determinar um direito penal mais justo, com base na razão humana, e sentaram os critérios de limites da pena, como logo observaremos (BUSATO, 2015, p. 745).

Hegel define crime como **negação do direito** e pena como **negação do crime** – portanto, como **reafirmação** do direito – e considera a justiça retributiva a única digna do ser humano: criticou a teoria da **coação psicológica** de Feuerbach porque não tratava o homem como ser "**dotado de honra e liberdade**", mas como um cão ameaçado com um bastão (SANTOS, 2012).

Passa a fazer mais sentido a ideia de pena em sentido absoluto quando analisamos o tipo de Estado em que ela surge. As características mais significativas do Estado absolutista eram a identidade entre o soberano e o Estado, a unidade entre a moral e o direito, entre o Estado e a religião, além da metafísica afirmação de que o poder do soberano lhe era concedido diretamente por Deus.

Com o iluminismo e o contrato social, o discurso retributivo ganha novos elementos de justificação. A denominada escola clássica, por exemplo, foi construída com os fundamentos de uma responsabilidade penal baseada no livre-arbítrio e na culpabilidade individual. A liberdade constitui um atributo indispensável da vontade, de maneira que esta não pode existir sem aquela. Sem liberdade era impossível o direito penal.

A pena, para essa escola, deve ser necessária e limitada pela culpabilidade e considerada como um ideal de justiça. Portanto, **a pena não devia ter nenhum fim.** A pena ou sanção não tem influência alguma nem em relação ao caráter da estrutura das normas e do sistema jurídico, mas simplesmente faz o papel de um mal ou retribuição. Necessariamente, o fundamento da pena retributiva se centrará na culpabilidade entendida no sentido clássico, isto é, reprovação pessoal que se faz ao sujeito por não haver atuado de outro modo podendo havê-lo feito.

Tudo isso leva a propor o livre-arbítrio como fundamento do poder de decisão, e como o fundamento da pena. A escola clássica extrai das ideias iluministas o princípio de legalidade e a humanização dos castigos.

Essa teoria teve uma forte carga jusnaturalista, já que a lei positiva tinha que se subordinar à lei natural, mediante o emprego do método lógico-abstrato. O emprego do método racional para o estudo do direito positivo, mediante a lógica abstrata, concedeu ao estudo do direito uma conotação dogmática.

Na doutrina, a finalidade retributiva da pena não é livre de críticas. A crítica jurídica da função **retributiva** tem por objeto a natureza expiatória ou compensatória da pena criminal: retribuir, como método de expiar ou de compensar **um mal** (o crime) com **outro mal** (a pena), pode corresponder a uma **crença** – e, nessa medida, constituir um **ato de fé** –, mas não é democrático, nem científico (ROXIN, 1993, p. 43-44).

Não é democrático porque no Estado Democrático de Direito: (a) o poder é exercido em nome do povo – e não em nome de Deus; e (b) o direito penal tem por objetivo proteger bens jurídicos – e não realizar vinganças. Por outro lado, não é científico porque a **retribuição** do crime pressupõe um dado indemonstrável: a **liberdade de vontade** do ser humano, pressuposta no **juízo de culpabilidade** – presente em fórmulas famosas como o **poder de agir de outro modo** de Welzel –, não admite prova empírica (SANTOS, 2012, p. 423).

9.4 Teorias relativas

Encontram o fundamento da pena na **necessidade de evitar a prática futura de delitos (*punitur ut ne peccetur*)** – concepções utilitárias da pena. Não se trata de uma necessidade em si mesma, de servir à realização da justiça, mas de instrumento preventivo de garantia social para evitar a prática de delitos futuros (*poena relata ad effectum*). Isso quer dizer que a pena se fundamenta por seus fins preventivos, gerais ou especiais, justifica-se por razões de utilidade social.

Para chegarmos à conclusão acima, precisamos entender o processo evolutivo que levou ao surgimento das teorias relativas. O trânsito de um Estado liberal a um **Estado Social** no sentido utilitarista trouxe consigo novos enfoques aos fundamentos da pena. Nesse novo Estado se questiona que a pena se fundamenta unicamente na retribuição, ausente de toda finalidade social.

Beccaria é um dos máximos representantes do contratualismo. Já em suas propostas ideológicas sustenta a necessidade de utilidade das penas. Estas deveriam ser necessárias à manutenção do contrato social para lograr a felicidade dos homens. As penas, nesse sentido, antes de castigar teriam que evitar a comissão de delitos (BUSTOS, s.d., p. 22).

De qualquer modo, a ideia de utilidade da pena da qual se partia no contrato social não era semelhante às construções utilitaristas de prevenção geral ou prevenção especial que surgiram posteriormente.

A esse respeito, Bustos Ramírez (s.d., p. 22) sustentou que a prevenção adquiria um sentido completamente diferente ao situar a finalidade da pena fora do contexto das estruturas do sistema, colocando um manto de esquecimento sobre este e as próprias leis, identificando o delito como algo alheio tanto a um como às outras (BUSATO, 2015, p. 747).

Logo, ao reclamo surgido do contrato social de que as penas deveriam ser úteis, surgiu o discurso do **fim de prevenção da pena**. O fim último da imposição da pena na prevenção é o de evitar a comissão de delitos. Para atingir esses propósitos, a imposição da pena foi tratada a partir de dois ângulos: a **prevenção geral**, na linha de Feuerbach, que pretende provocar na psiquê coletiva uma sensação de desagrado para impedir a comissão do delito; e a **prevenção especial**, na linha da **escola positivista**, que atua sobre o indivíduo procurando lograr sua recuperação ao entorno social, sem o perigo de que volte a cometer novos delitos.

Ao contrário da escola clássica, que baseava a imputabilidade no livre-arbítrio e na culpabilidade individual do sujeito, a escola positivista se baseou no determinismo para poder explicar, com base em uma concepção naturalística, a causalidade dos fatos individuais e sociais.

Com o livre-arbítrio, a responsabilidade é moral; com o determinismo, a responsabilidade é social. Ao lado das penas aparecem as medidas de segurança, que nessa nova concepção utilizam a periculosidade do sujeito (ilimitada) e não a gravidade do delito como limite. O critério da periculosidade, como era de se esperar, implicava atuar diretamente sobre o indivíduo com a finalidade de reabilitá-lo socialmente, para que não viesse a cometer delitos no futuro. As medidas de segurança, nessa ordem, se converteram em reações desproporcionais ao delito cometido e indeterminadas no tempo.

O emprego do método experimental (causal-mecanicista) caracterizou essa escola e todos os campos do saber humano da época. Podemos dizer que o contrato social impôs o princípio de legalidade e com base em um juízo racional reclamou, junto ao imperativo da proporcionalidade, uma finalidade **utilitária**, critérios estes que podem ser conciliados dentro de um Estado Social e Democrático de Direito (BUSATO, 2015, p. 748).

A ideia de prevenção, fruto das teorias relativistas, não é imune às críticas, mas deixarei para tratá-las após a análise das espécies de prevenção.

9.4.1 Prevenção geral (positiva e negativa)

As teorias da **prevenção geral** têm como fim a prevenção de delitos incidindo sobre os membros da coletividade social. Quanto ao modo de alcançar este fim, as teorias da prevenção geral são classificadas atualmente em duas versões: de um lado, a **prevenção geral negativa** ou intimidatória, que assume a função de dissuadir os possíveis delinquentes da prática de delitos futuros através da ameaça de pena, ou predicando com o exemplo do castigo eficaz; e, de outro lado, a **prevenção geral positiva** que assume a função de reforçar a fidelidade dos cidadãos à ordem social a que pertencem.

9.4.1.1 Prevenção geral negativa

A prevenção geral **negativa** aparece na forma tradicional de **intimidação penal**, expressa na célebre teoria da **coação psicológica** de Feuerbach: o Estado espera que a **ameaça** da pena desestimule pessoas de praticarem crimes (SANTOS, 2012, p. 426).

Idealiza-se o castigo como um exemplo. Como algo voltado a dissuadir pela demonstração de desagrado e pela geração de um prejuízo.

Dessa maneira, a intimidação ou coação psicológica (efeito dissuasório) pretende atuar em dois momentos: em uma primeira etapa, antes da comissão do delito, com a "**cominação penal**" dirigida à generalidade das pessoas, provocando uma sensação de desagrado e impedindo a comissão do delito; e, em um segundo momento, posterior ao fato delitivo, mediante a "**execução exemplarizada da pena**" e sua influência psicológica em outros, já que do contrário se esvaziaria a ameaça inicial.

Feuerbach estava firmemente convencido de que a solução para o problema da criminalidade se encontrava precisamente no direito penal. As duas ideias básicas que compõem essa teoria são a intimidação pela utilização da ameaça às pessoas e a confiança na ponderação e racionalidade do homem, o qual, posto diante do dilema da ameaça de pena, preserva o controle sobre seus impulsos de autossatisfação permanente (FEUERBACH, 2007, p. 60).

Justamente essa ideia de dissuasão pela ameaça fez com que mais tarde essa teoria passasse a receber a adjetivação de **negativa**, visando diferenciá-la de uma chamada **prevenção geral positiva**, que visaria a **afirmação** de determinados aspectos coletivos e não a **intimidação** (BUSATO, 2015, p. 759).

9.4.1.2 Prevenção geral positiva

A teoria em análise possui diversas variantes,[3] mas de um modo geral pode-se afirmar que a prevenção geral positiva considera que a pena, enquanto instrumento destinado à estabilização normativa, justifica-se pela produção de efeitos positivos consubstanciados no fortalecimento geral da confiança normativa ("estabilização da consciência do direito"). Consequentemente, a pena encontra sua legitimação no incremento e reforço geral da consciência jurídica da norma.

[3.] A base sociológica da teoria foi desenvolvida por Niklas Luhmann, que atribui ao direito as funções: (a) de estabilização do sistema social; (b) de orientação da ação; e (c) de institucionalização de expectativas normativas. Nessa linha, aparecem duas variantes: a) ROXIN concebe a prevenção geral **positiva** no contexto de outras funções **declaradas** da pena criminal, legitimada pela **proteção de bens jurídicos**, de natureza **subsidiária** (existem outros meios mais efetivos) e **fragmentária** (proteção parcial dos bens jurídicos selecionados); b) JAKOBS concebe a prevenção geral **positiva** de modo absoluto, excluindo as funções **declaradas** de intimidação, de correção e de retribuição do discurso punitivo: a pena é **afirmação da validade da norma penal** violada – definida como **bem jurídico-penal**, categoria formal substitutiva da categoria real do **bem jurídico** –, aplicada com o objetivo de **estabilizar as expectativas normativas** e de **restabelecer a confiança no direito**, frustradas pelo crimeFonte bibliográfica inválida especificada.

Em linhas gerais, três são os efeitos principais que se vislumbram dentro do âmbito de atuação de uma pena fundada na prevenção geral positiva: em primeiro lugar, o efeito de aprendizagem, que consiste na possibilidade de recordar ao sujeito as regras sociais básicas cuja transgressão já não é tolerada pelo direito penal; em segundo lugar, o efeito de confiança, que se consegue quando o cidadão vê que o direito se impõe; e, por derradeiro, o efeito de pacificação social, que se produz quando uma infração normativa é resolvida através da intervenção estatal, restabelecendo a paz jurídica (PRADO, 2014, p. 447).

9.4.1.3 Críticas à teoria da prevenção geral

A crítica da prevenção geral **negativa** destaca a ineficácia da **ameaça penal** para inibir comportamentos criminosos, conforme indicam a **inutilidade** das cruéis penas corporais medievais e a **nocividade** das penas privativas de liberdade do direito penal moderno. Aliás, afirma-se que não é a gravidade da pena – ou o rigor da execução penal –, mas a certeza (ou a probabilidade) da punição que pode desestimular o autor de praticar crimes – uma velha teoria já enunciada por Beccaria (SANTOS, 2012, p. 427).

Uma outra crítica importante é que, para parte da doutrina, a utilização de indivíduos como exemplos de punição (natureza exemplar da pena), eleva-o a meio e não fim do direito penal, instrumentalizando o homem, o que viola o princípio da dignidade da pessoa humana.

No tocante à prevenção geral positiva, quando determinados autores afirmam que a pena possibilita "a garantia da confiança dos cidadãos na validade da norma" e funciona como "um mecanismo contrafático de restabelecimento da vigência da norma e de descrédito de sua vulneração", faz-se referência, na verdade, à função de exemplaridade da pena justa, isto é, da pena retributiva e proporcional à gravidade do delito.

Em síntese, uma pena justificada pela denominada prevenção geral positiva nada mais é do que a pena retributiva, pois que a aplicação de uma pena à infração delitiva perpetrada conduz à realização de seu efeito preventivo estabilizador, de maneira que "a mudança de etiquetas não afeta em absoluto o conteúdo da pena, que é reafirmação do ordenamento jurídico, ou seja, retribuição justa" (PRADO, 2014, p. 488).

9.4.2 Prevenção especial (positiva e negativa)

A **teoria da prevenção especial** procura evitar a prática do delito, mas, ao contrário da prevenção geral, dirige-se exclusivamente ao delinquente em particular, objetivando que este não volte a delinquir. Segundo o programa de prevenção especial, definido na sentença criminal, é realizado pelos técnicos da execução da pena criminal, os chamados **ortopedistas da moral**, na concepção de Foucault (1977, p. 15), com o objetivo de promover a harmônica integração social do condenado.

Essa prevenção de reincidência ocorre em duas vertentes (SANTOS, 2012).

1. **Prevenção especial negativa:** baseada na ideia de neutralização forçosa dos impulsos criminais de que presumivelmente o autor de delito é portador, mediante a segregação e o afastamento deste do convívio social (não à toa verifica-se um profundo desenvolvimento e vasta aplicação de medidas de segurança de prazo indeterminado nesse período), incapacitando-o para a prática de outros crimes durante a execução da pena.

2. **Prevenção especial positiva:** voltada à face corretiva. Parte-se da consideração que o autor de um delito é portador

de um desvio social que demanda uma correção.⁴ Daí que o discurso da pena se converte na falácia de "corrigir" ou "curar" o criminoso, tarefa já não exclusiva dos juízes, mas distribuída entre sociólogos, psicólogos, psiquiatras e outros funcionários do sistema penal, todos encarregados da realização de uma espécie de **ortopedia moral**.

Em resumo:

Prevenção geral	Prevenção especial
A pena se dirige à sociedade, intimidando os propensos a delinquir.	Atenta para o fato de que o delito é instado por fatores endógenos e exógenos, de modo que busca alcançar a reeducação do indivíduo e sua recuperação.
Negativa: função de dissuadir os possíveis delinquentes da prática de delitos futuros através da ameaça de pena, ou predicando com o exemplo do castigo eficaz.	**Negativa:** voltadas à eliminação ou neutralização do delinquente perigoso.
Positiva: que assume a função de reforçar a fidelidade dos cidadãos à ordem social a que pertencem.	**Positiva:** dirigidas à reeducação do delinquente.

9.4.2.1 Críticas às teorias de prevenção especial

A prevenção especial negativa de neutralização do condenado parece indiscutível, porque, de fato, a prisão impõe a incapacitação seletiva de indivíduos considerados perigosos, impedindo a prática de crimes fora dos limites da prisão.

As críticas mais severas pela doutrina e pela sociedade em geral está direcionada à prevenção especial positiva e o seu projeto de recuperação individual por meio da disciplina.

[4.] Nesse sentido, comenta Bitencourt que o delito não é simplesmente a violação da norma jurídica, mas, antes de tudo, um perigo social. BITENCOURT, Cezar Roberto. *Falência da Pena de Prisão*, cit., p. 123.

O reconhecimento da ineficácia corretiva da prevenção especial **positiva** e dos efeitos nocivos da prevenção especial **negativa** atribuídos à pena privativa de liberdade são diluídos, por frequentes declarações simplistas de que **ainda não temos nada melhor** do que a prisão.

9.5 Teorias unificadoras ou ecléticas

As **teorias unificadoras ou ecléticas** conjugam as duas primeiras, sustentando o caráter retributivo da pena, mas acrescentam a este os fins de reeducação do criminoso e intimidação.

Predominantes, na atualidade, buscam conciliar a exigência de retribuição jurídica da pena – mais ou menos acentuada – com os fins de prevenção geral e de prevenção especial.

O que se observa é que a ideia de retribuição jurídica, reafirmação da ordem jurídica – num sentido moderno e secular da palavra –, não desaparece, inclusive se firma como relevante para a fixação da pena justa que tem na culpabilidade seu fundamento e limite. De certa maneira, conjugam-se expiação (compensação da culpabilidade) e retribuição (pelo injusto penal).

Na verdade, o termo técnico apropriado, mais consentâneo para exprimi-la, vem a ser neorretribuição ou neorretribucionismo, e não propriamente retribuição, já que tem fundamento próprio, diverso da noção clássica, e relativizado.

De acordo com esse direcionamento, assevera-se que a pena justa é provavelmente aquela que assegura melhores condições de prevenção geral e especial, enquanto potencialmente compreendida e aceita pelos cidadãos e pelo autor do delito, que só encontra nela (pena justa) a possibilidade de sua expiação e de reconciliação com a sociedade. Dessa forma, a retribuição jurídica torna-se um instrumento de prevenção, e a prevenção encontra na retribuição uma barreira que impede sua degeneração (PRADO, 2014, p. 452).

9.6 O discurso crítico da teoria criminológica da pena

As inovações e descobertas da criminologia radical, começaram a compor um discurso crítico do próprio sistema penal, manejando fundamentos irrefutáveis como a cifra negra, a teoria do *labbeling approach* e a ideia dos processos de criminalização levando à elaboração de discursos críticos do sistema penal em si (BUSATO, 2015, p. 790).

Entre as correntes criminológicas, sustentou-se que o direito penal evidencia sua incapacidade como instrumento de controle social, e que, pelo contrário, constitui um instrumento criminalizador. Com isso, colocou-se em evidência o sistema penal em sua totalidade.

Descobriu-se fundamentalmente que o próprio sistema penal era a fonte primeva da criminalidade, o que conduziu às conclusões sobre a necessidade de sua redução e até do seu desaparecimento. Por isso, se propõe, segundo algumas perspectivas, a abolição do direito penal. Em outra vertente, mais moderada, porém, incongruente para com sua própria crítica, pretende-se o reducionismo garantista do sistema de imputação.

Vamos tratar as principais teorias críticas de forma mais objetiva possível, de modo a proporcionar um acesso simples e eficaz às principais ideias de cada teoria.

9.6.1 A crítica negativa/agnóstica da pena criminal

Partindo também da base analítica política de comparação entre o estado de direito e o estado de polícia, Nilo Batista *et al.* propõem a chamada teoria negativa/agnóstica da pena (BATISTA; ZAFFARONI; ALAGIA; SLOKAR, 2003, p. 94-95).

Em linhas gerais, a teoria agnóstica da pena criminal nega, por completo, que a pena cumpra as funções declaradas da pena. Nilo Batista *et al.* (2003) entendem que enquanto o estado de direito compõe um projeto, ainda não realizado de afirmação do bom pela maioria, com preservação do direito da minoria, o estado de polícia pretende impor sua decisão com base em pretensões de um segmento dirigente determinado. Enquanto o primeiro trata de buscar acatamento a regras de convivência pré-estabelecidas, o segundo visa impor obediência como forma de governo.

Essa contraposição expõe extremos, de modelos ideais, que não existem, na realidade. A realidade é composta pela mescla desses extremos, que se manifesta nas próprias agências de realização dos dois sistemas que convivem desarmonicamente. Enquanto as agências do estado de direito buscam a solução de conflitos sociais, as agências do estado de polícia visam a supressão dos conflitos.

A partir dessa constatação, os autores buscam identificar as características da pena, descortinando, com a mesma terminologia empregada pela teoria materialista/dialética, o que são as funções manifestas e as funções latentes da pena (BUSATO, 2015, p. 794).

A teoria negativa/agnóstica da pena criminal tem por fundamento modelos ideais de estado de polícia e de estado de direito, coexistentes no interior do Estado moderno em relação de exclusão recíproca assim sintetizados.

O **estado de polícia** caracteriza-se pelo exercício de poder vertical e autoritário e pela distribuição de justiça substancialista de grupos ou classes sociais, expressiva de direitos meta-humanos paternalistas, que suprime os conflitos humanos mediante as funções manifestas positivas de retribuição e de prevenção da pena criminal, conforme a vontade hegemônica do grupo ou classe social no poder (BATISTA; ZAFFARONI; ALAGIA; SLOKAR, 2003, p. 94-95).

O **estado de direito** caracteriza-se pelo exercício de poder horizontal/democrático e pela distribuição de justiça procedimental da maioria, expressiva de direitos humanos fraternos, que resolve os conflitos humanos conforme regras democráticas estabelecidas, com redução ou limitação do poder punitivo do estado de polícia (BATISTA; ZAFFARONI; ALAGIA; SLOKAR, 2003, p. 94-95).

Os autores demonstram a falsidade dos discursos oficiais justificantes da pena e entendem que qualquer tentativa de racionalização da pena será sempre constituída por uma dissimulação do modo real do exercício do poder punitivo e, ao mesmo tempo, uma legitimação deste. Portanto, coerentes com essas conclusões, propõem o abandono da pena como instrumento.

Assim, propõem que a pena é "uma coerção, que impõe uma privação de direitos ou uma dor, mas não repara nem restitui, nem tampouco detém as lesões em curso ou neutraliza perigos iminentes" (BATISTA; ZAFFARONI; ALAGIA; SLOKAR, 2003, p. 97). Com isso, pretendem ter apresentado um conceito negativo porque não concede qualquer caráter positivo à pena e é obtido por exclusão.

De outro lado, os autores ainda adotam uma postura agnóstica em face da busca de alguma função real para a pena, com isso distanciando-se fundamentalmente da perspectiva materialista/dialética, porque confessa a inutilidade da pretensão de conhecimento da instrumentalização da pena em face de suas funções latentes. Evidentemente, os autores não negam a possibilidade de existência de conflitos que necessitam de formalização, ainda que não tenham qualquer possibilidade de composição, que são justamente aqueles cuja intolerabilidade social os transporta para a esfera penal.

Entendem ainda que dada a estrutura existente de criminalização primária, a forma de busca de ampliar o nível de segurança jurídica para todos, mediante a redução do poder punitivo do estado de polícia e correspondente ampliação do estado de direito, se dá através do reforço do poder de decisão das agências jurídicas, de modo a exercer uma maior porosidade sistemática que favoreça o retorno da vítima à resolução do conflito e que limite tanto quanto possível o poder punitivo.

9.6.2 A crítica materialista/dialética da pena criminal

A teoria materialista ou dialética da pena criminal nasce com base nos fundamentos marxistas a respeito da sociedade e da organização dos modos de produção capitalistas.

Segundo Juarez Cirino dos Santos (2012, p. 436), o objetivo fundamental da teoria materialista dialética é a crítica do sistema penal, realizada através do afastamento das funções aparentes da pena, para a correta exposição de suas funções reais.

Nesses termos, sustenta a pena como **retribuição equivalente do crime, a prevenção especial como garantia das relações sociais e a prevenção geral como afirmação da ideologia dominante.**

9.6.2.1 Retribuição equivalente do crime

O discurso crítico da teoria materialista/dialética pretende revelar a natureza real da pena criminal nas sociedades contemporâneas: a retribuição equivalente – contrariamente ao que pensa a crítica jurídica – não representa resquício metafísico de expiação do mal injusto do crime pelo mal justo da pena (como pretendem teóricos da prevenção), nem se reduz ao argumento antropológico de sobrevivência da vingança retaliatória no psiquismo humano, nem pode ser explicada por argumentos filosóficos do tipo imperativo categórico ou dignidade do ser humano, assim como não se confina aos argumentos legais da pena necessária e suficiente para reprovação do crime.

Vale dizer, o que sustenta na teoria materialista/dialética é que a ideia central da pena corporal estatal não representa uma retribuição equivalente e sim uma retribuição falsamente equivalente.

A pena medida em tempo de privação de liberdade representaria, então, nada mais do que reprodução, no sistema punitivo, da retribuição falsamente equivalente realizada nos demais campos das relações sociais. Assim, do mesmo modo que o trabalho equivale ao salário, desprezando a mais-valia, a mercadoria equivale ao preço, desprezado o lucro, a pena equivalerá ao critério geral de valor da mercadoria, determinada pela quantidade de trabalho social necessário para a sua produção (BUSATO, 2015, p. 792).

9.6.2.2 Prevenção especial como garantia das relações sociais

Ao tratar da relação existente entre cárcere e a marginalidade social, Alessandro Baratta traça algumas características do modelo carcerário nas sociedades capitalistas, o que nos será útil para compreender a relação desse modelo com a utilização da prevenção especial como instrumento de garantia das relações sociais (BARATTA, 2002, p. 186).

A comunidade carcerária tem, nas sociedades capitalistas contemporâneas, características constantes, predominantes em relação às diferenças nacionais, e que permitiram a construção de um verdadeiro e próprio **modelo**. As características deste modelo, do ponto de vista que mais nos interessa, podem ser resumidas no fato de que os institutos de detenção produzem efeitos contrários à reeducação e à reinserção do condenado, e favoráveis à sua estável inserção na população criminosa.

O cárcere é contrário a todo moderno ideal educativo, porque este promove a individualidade, o autorrespeito do indivíduo, alimentado pelo respeito que o educador tem dele. As cerimônias de degradação no início da detenção, com as quais o encarcerado é despojado até dos símbolos exteriores da própria autonomia (vestuários e objetos pessoais), são o oposto de tudo isso. A educação promove o sentimento de liberdade e de espontaneidade do indivíduo: a vida no cárcere, como universo disciplinar, tem um caráter repressivo e uniformizante. Exames clínicos realizados com os clássicos testes de personalidade mostraram os efeitos negativos do encarceramento sobre a psique dos condenados e a correlação desses efeitos com a duração daquele.

Assim, com base nessas premissas, a teoria materialista/dialética da pena sustenta que a prevenção especial negativa de neutralização do condenado mediante privação de liberdade representa uma **incapacitação seletiva de indivíduos considerados perigosos**, que, em princípio, incontestável porque impede a prática de crimes fora dos limites da prisão, mas que, igualmente, possui aspectos contraditórios, como demonstra a crítica criminológica (SANTOS, 2012): **privação de liberdade produz maior reincidência** – portanto, maior criminalidade –, determinada pelos reais efeitos nocivos da prisão; **privação de liberdade exerce influência negativa na vida real do condenado**, mediante desclassificação social objetiva, redução das chances de futuro comportamento legal e formação subjetiva da autoimagem de criminoso – portanto, habituado à punição; **a execução da pena privativa de liberdade representa a máxima desintegração social do condenado**, com a perda do lugar de trabalho, a dissolução dos laços familiares, afetivos e sociais, a formação pessoal de atitudes de dependência determinadas pela regulamentação da vida prisional, além do estigma social de ex-condenado; a subcultura da prisão produz deformações psíquicas e emocionais no condenado, que excluem a reintegração social e realizam a chamada *self fulfilling prophecy*, como disposição aparentemente inevitável de carreiras criminosas.

9.6.2.3 A prevenção geral como afirmação da ideologia dominante

A prevenção geral negativa da ameaça penal pode ter efeito desestimulante em crimes de reflexão (crimes econômicos, ecológicos, tributários etc.), característicos do direito penal simbólico, mas não teria efeito em crimes impulsivos (violência pessoal ou sexual, por exemplo), próprios da criminalidade comum estampada nos meios de comunicação de massa.

Logo, a seletividade estaria presente também na inibição de impulsos antissociais pela ameaça penal e somente seria relevante no direito penal simbólico – um direito destituído de eficácia instrumental e instituído para legitimação retórica do poder punitivo do Estado, mediante criação/difusão de imagens ilusórias de eficiência repressiva na psicologia do povo –, mas é absolutamente irrelevante no direito penal instrumental, cujo objeto é delimitado pela criminalidade comum, área de incidência exclusiva da repressão penal seletiva.

Da mesma forma a prevenção geral positiva, que volta sua proteção as funções sistêmicas, como finanças, tributos, energia etc., em detrimento da proteção aos direitos individuais.

Resumidamente, a conclusão a que chega a teoria materialista/dialética da pena é que a pena goza de pleno êxito, pois serve para produzir mais delito em um verdadeiro ciclo vicioso que não visa mais do que a preservação e reprodução das disparidades sociais estabelecidas, ou seja, "a prisão prisionaliza o preso que, depois de aprender a viver na prisão, retorna para as mesmas condições sociais adversas que determinaram a criminalização anterior" (SANTOS, 2012, p. 446).

Resumo

Teorias da pena	
Introdução	A pena corporal de prisão é um projeto falido,[1] afirmação unânime entre os teóricos e entre aqueles que vivenciam a justiça criminal. Assim, é um imperativo dos nossos dias a busca por opções substitutivas do encarceramento.[2] Essa tendência não é apenas uma orientação claríssima da doutrina penal e da criminologia, mas também atinge a própria legislação (BUSATO, 2015, p. 948).

---

[1] Foucault utiliza um jogo de palavras para representá-lo, quando afirma: "contra um mal extraordinário, o poder se levanta; torna-se em toda parte presente e visível; inventa novas engrenagens; compartimenta, imobiliza, quadricula; constrói por algum tempo o que é ao mesmo tempo a contracidade e a sociedade perfeita; impõe um funcionamento ideal, mas que no fim das contas se reduz, como o mal que combate, ao dualismo simples vida-morte: o que se mexe traz a morte e mata-se o que se mexe". FOUCAULT, Michel. *Vigiar e punir*. 30. ed. Trad. de Raquel Ramalhete. Petrópolis: Vozes, 2005. p. 169. No Brasil, é Bitencourt quem alerta que "já não se tem muitas esperanças sobre os resultados que se possa conseguir com a prisão tradicional". BITENCOURT, Cezar Roberto. *Falência da pena de prisão*. São Paulo: Revista dos Tribunais, p. 1993. p. 143. Também Augusto Thompson se refere aos **fins contraditórios atribuídos à prisão**. *A questão penitenciária*. 4. ed. Rio de Janeiro: Forense, 1998. p. 3 e ss.

[2] Assim opinam os penalistas: MUÑOZ CONDE, Francisco; GARCÍA ARÁN, Mercedes. *Derecho penal. Parte General*. 8. ed. Valencia: Tirant lo Blanch, 2010. p. 515; DOTTI, René. *Base e alternativas para o sistema de penas*. São Paulo: Revista dos Tribunais, 1998. p. 369; BITENCOURT, Cezar Roberto. *Novas Penas Alternativas*. 3. ed. São Paulo: Saraiva, 2006. p. 4. A opinião, porém, é também compartilhada por vários estudos de criminologia, v. g.: MUÑOZ CONDE, Francisco; HASSEMER, Winfried. *Introdução à Criminologia*. Trad. de Cíntia Toledo Miranda Chaves. Rio de Janeiro: Lumen Juris,

	Teorias da pena
Teorias da pena	É importante analisarmos alguns aspectos da passagem de uma concepção retributiva da pena a uma formulação preventiva desta. Justifica-se, por isso, um exame das diversas teorias que explicam o sentido, função e finalidade das penas, pelo menos das três vertentes mais importantes: **teorias absolutas, teorias relativas (prevenção geral e prevenção especial) e teorias unificadoras ou ecléticas** (BITENCOURT, 2020).
Teorias absolutas ou retributivas da pena	A ideia é simples: pena é castigo, punição. Retribui o mal com o mal (*reddet malum*). As **teorias absolutas** (Kant, Hegel) entendem que a pena é um imperativo de justiça, negando fins utilitários; pune-se porque se cometeu o delito (*punitur quia peccatum est*). Com eles, a pena era considerada como um ideal de justiça, portanto, não tinha nenhum fim.
Teorias relativas	Encontram o fundamento da pena na **necessidade de evitar a prática futura de delitos (*punitur ut ne peccetur*)** – concepções utilitárias da pena. Não se trata de uma necessidade em si mesma, de servir à realização da justiça, mas de instrumento preventivo de garantia social para evitar a prática de delitos futuros (*poena relata ad effectum*). Isso quer dizer que a pena se fundamenta por seus fins preventivos, gerais ou especiais, justifica-se por razões de utilidade social. **Prevenção geral** A pena se dirige à sociedade, intimidando os propensos a delinquir. **Negativa:** função de dissuadir os possíveis delinquentes da prática de delitos futuros através da ameaça de pena, ou predicando com o exemplo do castigo eficaz **Positiva:** que assume a função de reforçar a fidelidade dos cidadãos à ordem social a que pertencem.

2008. p. 301 e ss., inclusive alguns de corte abolicionista, como Thomas Mathiesen. *Juicio a la prisión*. Trad. de Amanda Zamuner. Buenos Aires: Ediar, 2003. p. 300 e ss., quem reflui de posicionamentos anteriores à raiz das considerações de Maeve McMahon. *The persistent prison? Rethinking Decarceration and Penal Reform*. Toronto-Buffalo-London: University of Toronto, 1992, quem comprovou empiricamente a contribuição das penas alternativas para a redução do encarceramento.

Teorias relativas	**Prevenção especial** Atenta para o fato de que o delito é instado por fatores endógenos e exógenos, de modo que busca alcançar a reeducação do indivíduo e sua recuperação. **Negativa:** voltadas à eliminação ou neutralização do delinquente perigoso. **Positiva:** dirigidas à reeducação do delinquente.
Teorias unificadoras ou ecléticas	As **teorias unificadoras ou ecléticas** conjugam as duas primeiras, sustentando o caráter retributivo da pena, mas acrescentam a este os fins de reeducação do criminoso e intimidação. Predominantes, na atualidade, buscam conciliar a exigência de retribuição jurídica da pena – mais ou menos acentuada – com os fins de prevenção geral e de prevenção especial.
O discurso crítico da teoria criminológica da pena	Entre as correntes criminológicas, sustentou-se que o direito penal evidencia sua incapacidade como instrumento de controle social, e que, pelo contrário, constitui um instrumento criminalizador. Com isso, colocou-se em evidência o sistema penal em sua totalidade. **A crítica negativa/agnóstica da pena criminal** Partindo também da base analítica política de comparação entre o estado de direito e o estado de polícia, Nilo Batista *et al.* propõem a chamada teoria negativa/agnóstica da pena (BATISTA; ZAFFARONI; ALAGIA; SLOKAR, 2003, p. 94-95). Em linhas gerais, a teoria agnóstica da pena criminal nega, por completo, que a pena cumpra as funções declaradas da pena. Nilo Batista *et al.* (2003) entendem que enquanto o estado de direito compõe um projeto, ainda não realizado de afirmação do bom pela maioria, com preservação do direito da minoria, o estado de polícia pretende impor sua decisão com base em pretensões de um segmento dirigente determinado. Enquanto o primeiro trata de buscar acatamento a regras de convivência pré-estabelecidas, o segundo visa impor obediência como forma de governo.

| O discurso crítico da teoria criminológica da pena | **A crítica materialista/dialética da pena criminal**

A teoria materialista ou dialética da pena criminal nasce com base nos fundamentos marxistas a respeito da sociedade e da organização dos modos de produção capitalistas.

Segundo Juarez Cirino dos Santos (2012, p. 436), o objetivo fundamental da teoria materialista dialética é a crítica do sistema penal, realizada através do afastamento das funções aparentes da pena, para a correta exposição de suas funções reais.

Nesses termos, sustenta a pena como **retribuição equivalente do crime, a prevenção especial como garantia das relações sociais e a prevenção geral como afirmação da ideologia dominante.** |
|---|---|

Referências

ANDRADE, V. R. *Pelas mãos da criminologia*. Rio de Janeiro: Editora Renavan, 2012.

ANDRADE, V. R. As estatísticas criminais sob um enfoque criminológico crítico. *Jus.com.br.* 2007. Disponível em: http://jus2.uol.com.br/doutrina/texto.asp?id=9497. Acesso em: 1º out. 2019.

BARATTA, A. *Criminologia crítica e crítica do direito penal*: introdução à sociologia do direito penal. Rio de Janeiro: Editora Revan, 2002.

BATISTA, N.; ZAFFARONI, E. R.; ALAGIA, A.; SLOKAR, A. *Direito penal brasileiro*. Rio de Janeiro: Revan, 2003.

BERISTAIN, A. *A nova criminologia a luz do direito penal e da vitimologia*. Brasília: Universidade de Brasília, 2000.

BITENCOURT, E. D. *Vítima*. São Paulo: Universitária de Direito, s.d.

BITENCOURT, C. R. *Tratado de direito penal*. São Paulo: Saraiva, 2020. v. 1.

BOCK, A. M.; FURTADO, O.; TEIXEIRA, M. L. *Psicologias*: uma introdução ao estudo de psicologia. São Paulo: Saraiva, 2008.

BONN, S. Why we are drawn to true crime shows. *Time*. 2016. Disponível em: https://time.com/4172673/true-crime-allure/. Acesso em: 23 abr. 2022.

BOURDIEU, P. *O poder simbólico*. Rio de Janeiro: Bertrant Brasil, 2002.

BUSATO, P. C. *Fundamentos para um direito penal democrático*. São Paulo: Atlas, 2013.

BUSTOS, Ramirez. *Manual de derecho penal Español*. Barcelona: Editora Ariel, 1984.

CABETTE, E. L. S. As estatísticas criminais sob um enfoque criminológico crítico. *Revista Jus Navigandi*, Teresina, ano 12, n. 1326, 17 fev. 2007. Disponível em: https://jus.com.br/artigos/9497. Acesso em: 1º jul. 2019.

CALHAU, L. B. *Vítima e direito penal*. Belo Horizonte: Mandamentos, 2003.

CALHAU, L. B. *Resumo de criminologia*. Niterói: Impetus, 2009.

CARVALHO, H. V. *Compêndio de criminologia*. São Paulo: Bushatsky, 1973.

CERVINI, R. *Os processos de descriminalização*. São Paulo: RT, 2002.

CLIFFORD, R. S.; McKAY, H. D. *Juvenile delinquency and urban areas*. Chicago, 1969.

CONDE, F. M.; HASSEMER, W. *Introducción a la criminologia*. Valencia: TIrant lo Blanch, 2001.

DIAS, J. de F.; ANDRADE, M. da C. *Criminologia*: o homem delinquente e a sociedade criminógena. Coimbra: Coimbra Ed., 1997.

DURKHEIM, E. *Da divisão do trabalho sonal*. Trad. Carlos Alberto Ribeiro de Moura [et al.]. São Paulo: Abril Cultural, 1978.

FERRI, E. *Studi sulla criminalità in Francia dal 1826 al 1878*. Roma: Eredi Botta, 1881.

FERRI, E. *Criminal sociology*. Champaign: HardPress Publishing, 2010.

FORENSES, S. E. *El Atlas Criminal de Lombroso*. Valladolid: Editorial Maxtor, 2006.

FOUCAULT, Michel. *Vigiar e punir*. Petrópolis: Editora Vozes, 1977.

FOUCAULT, Michel. *Vigiar e punir*. 20. ed. Petrópolis: Editora Vozes, 1999.

FREIRE, I. R. *Raízes da psicologia*. Petrópolis: Vozes, 2004.

GALVÃO, F. *Direito penal*: parte geral. São Paulo: Saraiva, 2013.

GAROFALO, R. *Criminologia*: estudo sobre o delicto e a repressão penal. Porto: Imprensa Portuguesa, 1893.

GAROFALO, R.; MILLAR, R. W. *Criminology*. Whitefish: Kessinger Publishing, 2010.

GOMES, L. F.; MOLINA, A. García-Pablos de. *Criminologia*. São Paulo: RT, 2008.

GÖPPINGER, H. *Criminologia*. Trad. Mana Lursa Schwarck e Ignacio Luzarraga Castro. Madrid: Reús, 1975.

GRAMATICA, F. *Pincipios de defensa social*. Madrid: Montecorvo, 1974.

GRECO, R. *Direito penal do equilíbrio*. Niterói: Impetus, 2005.

HASSEMER, W. *Introdução aos fundamentos de direito penal*, 2005.

HASSEMER, W.; CONDE, F. M. *Introducción a la criminologia*. Valencia: Tirant lo Blanch, 2001.

HENTIG, M. V. *The criminal & his victim*: studies in the sociobiology of crime. London: Yale University Press, 1948.

JOHNSON, A. G. *Dicionário de sociologia*. Rio de Janeiro: Jorge Zahar, 1997.

LIMA JR., J. C. *Manual de criminologia*. Salvador: JusPodivm, 2017.

LOMBROSO, C. *O homem delinquente*. Tradução: Sebastião José Roque. São Paulo: Ícone, 2016.

LUHMANN, N. *Sociologia do direito 1*. Tradução de Gustavo Bayer. Rio de Janeiro: Edições Tempo Brasileiro, 1983.

MARCÃO, R. *Curso de execução penal*. São Paulo: Saraiva, 2007.

MEIER, Bernd-Dieter. *Kriminologie*. Munique: C.H. Beck, 2016.

MENDELSOHN, B. *Tipologias*. Centro de Difusion de la Victímologia, 2002.

MERTON, R. K. *Teoria social y estructura sociales*. Trad. Florentino M. Torner. México: Fondo de Cultura, 1964.

MOLINA, A. G.-P. *Tratado de criminologia*. Valência: Tirant lo Blanch, 1999.

NUCCI, G. D. *Manual de direito penal*: parte geral. Rio de Janeiro: Forense, 2020.

OLIVEIRA, A. S. *A vítima e o direito penal*. São Paulo: RT, 1999.

OLIVEIRA, E. *Vitimologia e direito penal*. Rio de Janeiro, Forense, 2001.

PASSETTI, E. *Curso livre de abolicionismo penal*. Rio de Janeiro: Revan, 2004.

PRADO, L. R. *Curso de direito penal brasileiro*. São Paulo: RT, 2014.

PRADO, L. R.; BITENCOURT, C. R. *Elementos do direito penal*. São Paulo: RT, 1996.

ROSA, P. S. Em que consistem as expressões cifra negra e cifra dourada? *JusBrasil*. 2011. Disponível em: https://lfg.jusbrasil.com.br/noticias/1039612/em-que-consistem-as-expressoes-cifra-negra-e-cifra-dourada-priscila-santos-rosa?ref=serp. Acesso em: 10 out. 2019.

SÁ, A. A. *Criminologia Clínica e execução penal*: proposta de um modelo de terceira geração. São Paulo: RT, 2011.

SAMPAIO FILHO, N. *Manual esquemático de criminologia*. 2. ed. São Paulo: Saraiva, 2012.

SAMPAIO FILHO, N. *Manual esquemático de criminologia*. 9. ed. São Paulo: Saraiva, 2018.

SAMPAIO FILHO, N. *Manual esquemático de criminologia*. 10. ed. São Paulo: Saraiva, 2020.

SANTOS, J. C. *Direito penal*: parte geral. Florianópolis: Conceito Editorial, 2012.

SANTOS, J. C. *Crime organizado*. Instituto de Criminologia e Política Criminal, 2013.

SEELIG, E. *Manual de criminologia*. Coimbra: Arménio Amado, 1957.

SHECAIRA, S. S. *Criminologia*. 6. ed. São Paulo: RT, 2014.

SHECAIRA, S. S. *Criminologia*. 8. ed. São Paulo: RT, 2019.

SKINNER, B. F. *O mito da liberdade*. Rio de Janeiro: Bloch, 1971.

SKINNER, B. F. *Sobre o behaviorismo*. São Paulo: Cultrix, 2006.

SUTHERLAND, E. H.; CRESSEY, D. R.; LUCKENBILL, D. F. *Principles of criminology*. 11. ed. New York: General Hall, 1992. (The Reynolds Series in Sociology).

VIANA, E. *Criminologia*. Salvador: JusPodivm, 2018.